JN011585

ブルーガイド
てくてく歩き⑱

瀬戸内海
倉敷・尾道
広島・宮島

目次 てくてく歩き ── 瀬戸内海
倉敷・尾道・広島・宮島

Page Contents

岡山・倉敷

尾道・呉

しまなみ海道・とびしま海道

広島・宮島

旅の準備のアドバイス

てくちゃん

てくてく歩きシリーズの案内役を務めるシロアヒル。趣味は旅行。旅先でおいしいものを食べすぎてほぼ飛ぶことができなくなり、徒歩と公共交通機関を駆使して日本全国を気ままに旅している。

●各種料金については、おとなの料金を掲載しています。
●店などの休みについては、原則として定休日を掲載し、年末年始、お盆休みなどは省略している場合があります。
●宿泊施設の料金は、⑤はシングルルーム、①はツインルームで、ともに室料（税・サービス料込み）を示します。食事付きの旅館などの場合は、2名で1室利用した場合の、ひとりあたりの最低料金を掲載しています。
●バス路線・航路については、路線や季節により便数が減少する場合があります。事前にご確認ください。
●「食べる」のガイドでLOと表示されている時間は、ラストオーダーの時間です。
●この本の各種データは、2021年1月現在のものです。これらのデータは変動する可能性がありますので、ご承知おきください。

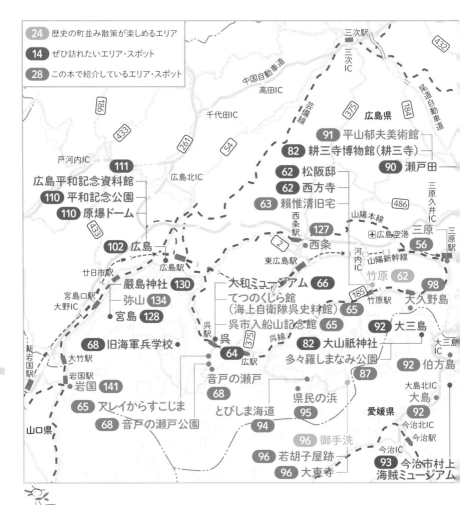

24 歴史の町並み散策が楽しめるエリア
14 ぜひ訪れたいエリア・スポット
28 この本で紹介しているエリア・スポット

三次駅
三次IC
中国自動車道
高田IC
広島県
432
尾道自動車道
芸備線
375
184
広島平和記念資料館
110 平和記念公園
110 原爆ドーム
111
戸河内IC
広島北IC
千代田IC
186
433
261
54
91 平山郁夫美術館
82 耕三寺博物館（耕三寺）
90 瀬戸田
62 松阪邸
62 西方寺
63 頼惟清旧宅
486
三原久井IC
山陽本線
127
西条駅
西条
広島空港
三原
三原駅
56
102 広島
2
東広島駅
河内IC
山陽新幹線
竹原 62
廿日市駅
広島駅
185
竹原駅
98
厳島神社 130
弥山 134
宮島 128
宮島口駅
大野IC
大和ミュージアム 66
てつのくじら館
（海上自衛隊呉史料館）
呉市入船山記念館 65
65
大久野島
92 大三島
新岩国駅
68 旧海軍兵学校
大竹駅
呉駅
呉
64
375
呉線
82 大山祇神社
多々羅しまなみ公園
87
大三島IC
92 伯方島
岩国駅
岩国 141
65 ヌレイからすこじま
68 音戸の瀬戸
とびしま海道
94
音戸の瀬戸
68
県民の浜
95
大島北IC
大島 92
今治北IC
愛媛県
今治駅
山口県
68 音戸の瀬戸公園
96 御手洗
96 若胡子屋跡
96 大東寺
今治IC
93 今治市村上
海賊ミュージアム

MAP

目的地さくいん地図

瀬戸内を旅する前に、大まかなエリアと注目の観光スポットが
どこにあるのかこの地図で全体をつかんでおきましょう。

［岡山］
P.14

［倉敷］
P.24

［尾道］
P.42

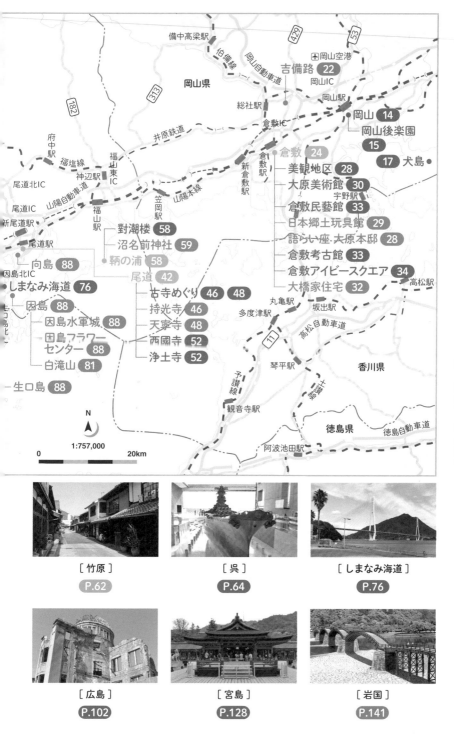

備中高梁駅
岡山空港
吉備路 **22**
岡山IC
岡山駅
岡山 **14**
岡山後楽園 **15**
17 犬島
倉敷IC
倉敷 **24**
新倉敷駅
美観地区 **28**
大原美術館 **30**
宇野駅
倉敷民藝館 **33**
日本郷土玩具館 **29**
語らい座・大原本邸 **28**
倉敷考古館 **33**
倉敷アイビースクエア **34**
大橋家住宅 **32**
高松駅

岡山県

總社駅
岡山自動車道
岡山県
井原鉄道
国道313
国道182
国道429
国道53

府中駅
福塩線
神辺駅
福山東IC
福山自動車道
笠岡駅
山陽本線
福山駅
對潮楼 **58**
沼名前神社 **59**
鞆の浦 **58**
尾道 **42**

尾道北IC
尾道IC
新尾道駅
尾道駅
向島 **88**
因島北IC
しまなみ海道 **76**
因島 **88**
因島水軍城 **88**
田島フラワーセンター **88**
白滝山 **81**
生口島 **88**

古寺めぐり **46** **48**
持光寺 **46**
天寧寺 **48**
西國寺 **52**
浄土寺 **52**

丸亀駅
坂出駅
多度津駅
高松自動車道
国道11
琴平駅
香川県

予讃線
観音寺駅

徳島県
徳島自動車道
阿波池田駅

N
1:757,000
0　　　　20km

［竹原］ **P.62**

［呉］ **P.64**

［しまなみ海道］ **P.76**

［広島］ **P.102**

［宮島］ **P.128**

［岩国］ **P.141**

目的地さくいん地図

5

ベストシーズンカレンダー

	1 JANUARY	2 FEBRUARY	3 MARCH	4 APRIL	5 MAY	6 JUNE

倉敷・岡山

倉敷雛めぐり(2月下旬〜3月上旬・倉敷)

岡山さくらカーニバル(3月下旬〜4月上旬・岡山)

鶴形山公園倉敷桜まつり(3月下旬〜4月上旬・倉敷)

ハートランド倉敷(5月ゴールデンウイーク・倉敷)

西大寺会陽(2月第3土曜・岡山)

阿智神社春祭(5月第3土曜・倉敷)

尾道・呉

鞆・町並ひな祭(2月下旬〜3月下旬・鞆の浦)

福山・鞆の浦観光鯛観網(5月上旬〜下旬・鞆の浦)

尾道みなと祭(4月第4または5月第1土・日曜・尾道)

呉みなと祭(4月29日・呉)

たけはら竹まつり(5月3・4日・竹原)

福山ばら祭(5月中旬の土・日曜・福山)

しまなみ海道 とびしま海道

音戸かき祭り(2月上旬の土または日曜1日・音戸)

藤まつり(4月下旬〜5月上旬・大三島)

福山・鞆の浦観光鯛観網

管絃祭

広島・宮島

ひろしまドリミネーション(11月中旬〜1月上旬・広島)

宮島かき祭り(2月第2土曜と次の日曜・宮島)

ひろしまフラワーフェスティバル(5月3〜5日・広島)

火渡り神事(4月15日・宮島大聖院)

とうかさん(6月第1金〜日曜・広島)

食

アナゴ (7月上旬〜3月下旬)

カキ・タコ (12月上旬〜2月下旬)

(3月上旬〜5月下旬) 鯛・シャコ

アユ

ピオーネ

(4月下旬〜6月上旬) 瀬戸内のサワラ

サヨリ (10月上旬〜4月下旬)

平均気温

〈2019年度〉
広島の平均降水量

広島の平均最高気温

広島の平均最低気温

気温(℃)	11.2	11.8	15.5	19.7	25.6	27.6
最低気温	2.6	4.0	6.3	10.4	15.4	19.5
降水量	26.5	68.5	102.0	110.0	63.5	152.5

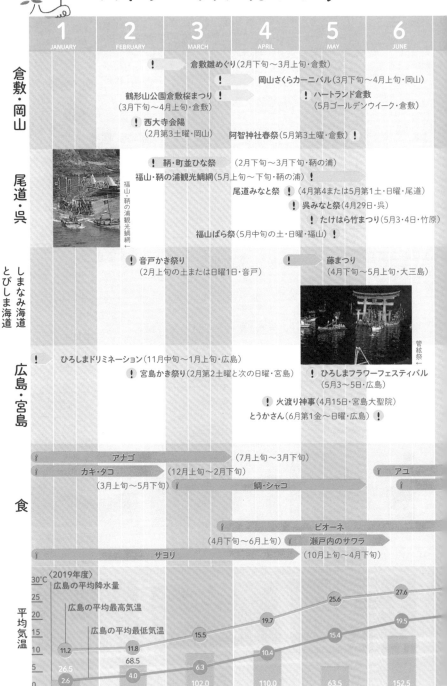

※イベント等の開催月日は変更になる場合があるので各HPなどで事前にご確認ください。

7 JULY	8 AUGUST	9 SEPTEMBER	10 OCTOBER	11 NOVEMBER	12 DECEMBER

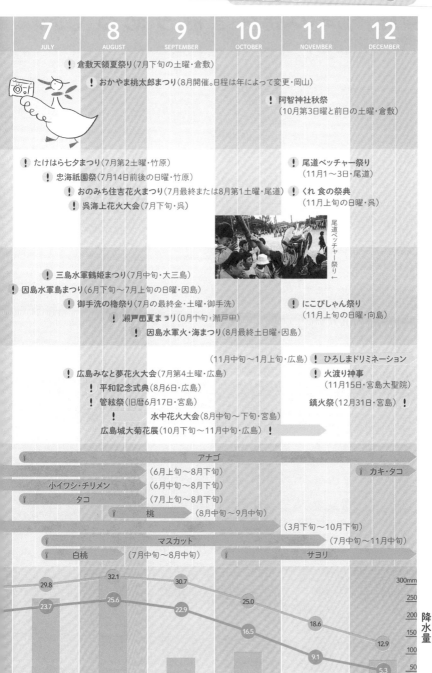

！ 倉敷天領夏祭り（7月下旬の土曜・倉敷）

！ おかやま桃太郎まつり（8月開催。日程は年によって変更・岡山）

！ 阿智神社秋祭
（10月第3日曜と前日の土曜・倉敷）

！ たけはら七夕まつり（7月第2土曜・竹原）
！ 忠海祇園祭（7月14日前後の日曜・竹原）
！ おのみち住吉花火まつり（7月最終または8月第1土曜・尾道）
！ 呉海上花火大会（7月下旬・呉）

！ 尾道ベッチャー祭り
（11月1～3日・尾道）
！ くれ 食の祭典
（11月上旬の日曜・呉）

尾道ベッチャー祭り→

！ 三島水軍鶴姫まつり（7月中旬・大三島）
！ 因島水軍島まつり（6月下旬～7月上旬の日曜・因島）
！ 御手洗の櫓祭り（7月の最終金・土曜・御手洗）
！ 瀬戸田夏まつり（8月中旬・瀬戸田）
！ 因島水軍火・海まつり（8月最終土日曜・因島）

！ にこぴしゃん祭り
（11月上旬の日曜・向島）

（11月中旬～1月上旬・広島）！ ひろしまドリミネーション

！ 広島みなと夢花火大会（7月第4土曜・広島）
！ 平和記念式典（8月6日・広島）
！ 管絃祭（旧暦6月17日・宮島）
！ 水中花火大会（8月中旬～下旬・宮島）
広島城大菊花展（10月下旬～11月中旬・広島）！

！ 火渡り神事
（11月15日・宮島大聖院）
鎮火祭（12月31日・宮島）！

アナゴ

（6月上旬～8月下旬）	！ カキ・タコ

小イワシ・チリメン	（6月中旬～8月下旬）

！ タコ （7月上旬～8月下旬）

！ 桃 （8月中旬～9月中旬）

（3月下旬～10月下旬）

マスカット	（7月中旬～11月中旬）

！ 白桃 （7月中旬～8月中旬）　！ サヨリ

	7	8	9	10	11	12
気温（上）	29.8	32.1	30.7	25.0	18.6	12.9
気温（下）	23.7	25.6	22.9	16.5	9.1	5.3
降水量	259.5	317.5	89.0	105.5	5.0	82.0

300mm
250
200
150
100
50
0

降水量

~穏やかな時間が流れる、多島美の懐へ~

瀬戸内海の島々を渡りあるく旅

しまなみ海道を
空から見下ろす

手前から奥へ向けて大島、伯方島、大三島、生口島。さらに尾道方面へと続いていく。景勝のほか村上水軍関連の見どころ、大山祇神社や耕三寺ほか、史跡や神社仏閣などの見どころも。

除虫菊の白い
花が咲く因島

　村上水軍の本拠地だっ
た因島（いんのしま）は、除
虫菊の名所としても知ら
れる。海を見下ろす斜面一
面を、可憐な白い花が埋め
尽くすのは、4月下旬から
5月上旬にかけて。

尾道水道を見下ろす

しまなみ海道の本州側の玄関口・尾道は、坂と寺の街でもある。斜面に錯綜する小路をそぞろ歩けば、時間が巻き戻されたような懐かしい風景が覗ける。

レモンやはっさくなど、柑橘の島々でもある

瀬戸の海は道であるのが実感できるような、夕日が作り出す黄金の道筋

11

旅行ガイドブックのノウハウで、旅のプランを作成！

ブルーガイド トラベルコンシェルジュ

旅行書の編集部から、あなたの旅にアドバイス！

ちょっと近場へ、日本の各地へ、はるばる世界へ。
トラベルコンシェルジュおすすめのプランで、
気ままに、自由に、安心な旅へ。

ココが嬉しい！　サービスいろいろ

◎旅行情報を扱うプロが旅をサポート！
◎総合出版社が多彩なテーマの旅に対応！
◎旅に役立つ「この一冊」をセレクト！

徒歩と電車で日本を旅する「てくてく歩き」、詳細な地図でエリアを歩ける「おさんぽマップ」、海外自由旅行のツール「わがまま歩き」など、旅行ガイドブック各シリーズを手掛けるブルーガイド編集部。そのコンテンツやノウハウを活用した旅の相談窓口が、ブルーガイド トラベルコンシェルジュです。

約400名のブルーガイド トラベルコンシェルジュが、旅行者の希望に合わせた旅のプランを提案。その土地に詳しく、多彩なジャンルに精通したコンシェルジュならではの、実用的かつ深い情報を提供します。旅行ガイドブックと一緒に、ぜひご活用ください。

■ブルーガイド トラベルコンシェルジュへの相談方法

1. 下のお問い合わせ先から、メールでご相談下さい。
2. ご相談内容に合ったコンシェルジュが親切・丁寧にお返事します。
3. コンシェルジュと一緒に自分だけの旅行プランを作っていきます。お申し込み後に旅行を手配いたします。

■ブルーガイド トラベルコンシェルジュとは？

それぞれが得意分野を持つ旅の専門家で、お客様の旅のニーズに柔軟に対応して専用プランを作成、一歩深い旅をご用意いたします。

ブルーガイド トラベルコンシェルジュ
のお問い合わせ先

Mail: blueguide@webtravel.jp
https://www.webtravel.jp/blueguide/

岡山
倉敷

岡山

エリアの魅力

散策
★★★
史跡
★★★★
ご当地の味
★★★★

旬の情報:
ふんどし姿の男たちが宝木を奪い合う、日本三大奇祭のひとつ西大寺会陽は2月第3土曜。旬の味覚は、夏の桃、夏から秋にかけてのブドウなど

黒塗りの外壁が風格を漂わせる岡山城

海の幸と果物に恵まれた温暖で自然豊かな地

温暖な気候と豊かな自然に恵まれた岡山は、桃やブドウなど果物の産地としても有名だ。江戸時代には、池田氏32万石の城下町として栄えた。後楽園や岡山城など、市内を流れる旭川沿いに見どころが多い。

HINT

岡山への行き方・まわり方のヒント

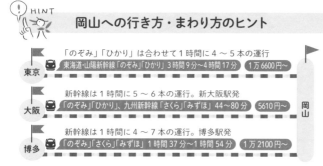

東京　「のぞみ」「ひかり」は合わせて1時間に4〜5本の運行　東海道・山陽新幹線「のぞみ」「ひかり」3時間9分〜4時間17分　1万6600円〜

大阪　新幹線は1時間に5〜6本の運行。新大阪駅発　「のぞみ」「ひかり」、九州新幹線「さくら」「みずほ」44〜80分　5610円〜

博多　新幹線は1時間に4〜7本の運行。博多駅発　「のぞみ」「さくら」「みずほ」1時間37分〜1時間54分　1万2100円〜

岡山

東京（羽田）からは岡山空港へ飛行機で1時間20〜25分、3万3700円〜。岡山空港から岡山駅まで岡山空港線で30分、780円。東京、大阪などからは高速バスも運行。東京・バスタ新宿からは11時間、6000円〜、なんば高速BTからは3時間15〜30分、2760円（WEB）〜。

●岡山駅に着いたら

主な見どころは岡山城・後楽園周辺に集中している。岡山駅から岡山電軌の路面電車を利用、城下電停を起点に歩くと便利だ。

問い合わせ先

ももたろう観光センター
☎086-222-2912
岡山市観光振興課
☎086-803-1332
JR西日本お客様センター
☎0570-00-2486
両備バス（新宿〜岡山）
☎0570-08-5050
WILLER EXPRESS
☎0570-666-447
西日本JRバス
（大阪〜岡山）
☎0570-00-2424
岡山電気軌道
☎086-272-5520

定期観光バス

岡山駅からは、岡山城や後楽園などの主要観光地や倉敷をめぐる定期観光バスが両備バスから運行されている。3月20日〜11月30日まで毎日運行。料金は3560円〜（コースにより異なる）。

見る

岡山城
おかやまじょう

地図p.16-B
JR岡山駅から岡山電軌東山行きで7分、城下電停下車🚶10分

豊臣秀吉に厚遇され、豊臣政権の最高機関である五大老に任じられた宇喜多秀家が築城、1597（慶長2）年完成。外壁は黒塗りの下見板で覆われ、別名「烏城」と呼ばれる。三層六階建ての天守閣は、1945（昭和20）年の戦災で焼失後再建されたものだが、月見櫓と西丸西手櫓とは創建当時のまま残るもので、重要文化財に指定されている。地階～5階が展示と体験施設。6階からは眼下に岡山市街を一望できる。

📞 086-225-2096　📍 岡山市北区丸の内2-3-1
🕐 9:00～17:30（入城は30分前まで）
🈳 12月29日～31日
💴 320円（後楽園とセットで580円。特別展は別途）
🅿 烏城公園🅿 利用54台

岡山後楽園
おかやまこうらくえん

地図p.16-B／JR岡山駅東口バスターミナル1番乗り場から直通🚌8分

日本三名園のひとつとして親しまれる、1686（貞享3）年に岡山藩主池田綱政が家臣の津田永忠に命じて造らせた庭園。国の特別名勝に指定されている。芝生や池、築山などが巧みに配置され、移り変わる景色を楽しめる回遊式庭園となっている。春は桜やツツジ、夏は花菖蒲やハスの花が咲き、そして夜間開園の幻想庭園に多くの人が訪れる癒しのスポットでもある。ボランティアガイド（無料）もぜひ利用しよう。

📞 086-272-1148　📍 岡山市北区後楽園1-5
🕐 7:30～18:00
　（10月1日～3月19日は8:00～17:00）
🈳 無休　💴 410円（岡山城とセットで580円）
🅿 570台
※ボランティアガイドの予約は1カ月前までに
（📞 086-272-1148）

夢二郷土美術館 本館
ゆめじきょうどびじゅつかん ほんかん

地図p.16-B／JR岡山駅東口バスターミナル1番乗り場から直通🚌10分

岡山県邑久郡（現在の瀬戸内市邑久町本庄）の豊かな自然の中に生まれ育った、美人画の大家・竹久夢二作品の随一のコレクションを誇る。生誕100年を記念して建てられた、旭川河畔に建つ風見鶏をしつらえた赤レンガの建物は、夢二が活躍した時代の大正モダンを偲ばせる。「立田姫」や「秋のいこい」などの代表作のほか、表紙や挿絵を担当していた『婦人グラフ』など、年に4回の企画展テーマに合わせて、常時100点以上展示。併設の「art café 夢二」も人気。

📞 086-271-1000　📍 岡山市中区浜2-1-32
🕐 9:00～17:00　🈳 月曜　💴 800円　🅿 10台

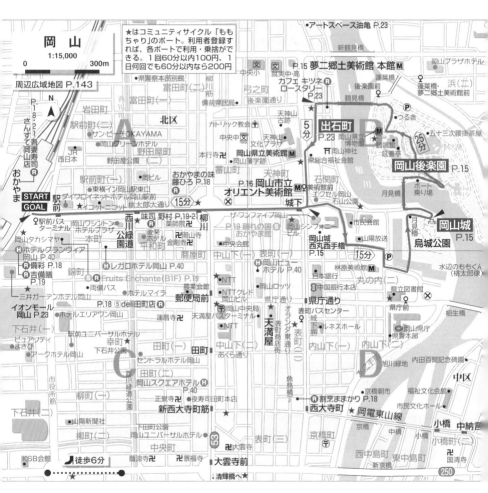

岡山市立オリエント美術館
おかやましりつオリエントびじゅつかん

地図 p.16-B
城下電停から🚶2分

　古代の西アジア、エジプトの美術品を約5000点収蔵する美術館。日本国内では珍しい、古代オリエント美術の専門館として貴重な存在だ。展示は、古代の土器やガラス、金属器、陶器、モザイク、装身具類など多岐にわたっている。中でも、アッシリア・レリーフ「有翼鷲頭精霊像浮彫」（イラク、前9世紀）は代表的な展示品で、ガラスケースを通さないで見る質感は圧巻。このほか、民族衣装の試着などオリエントの世界を体感でき

るコーナーもある。2階にある喫茶室「イブリク」では、甘く濃い本格的なアラビックコーヒー550円が楽しめる。

☎086-232-3636　📍岡山市北区天神町9-31
2020年10月1日〜2021年11月下旬長期休館

犬島精錬所美術館・犬島「家プロジェクト」

瀬戸内海国立公園内に位置する、周囲3.6kmの犬島。産業遺産と現代アートを融合させた、島で展開するプロジェクトに注目が集まる。

アクセス
岡山駅からJR山陽本線・赤穂線で17分の西大寺駅から🚌両備バス東宝伝行きで40分、🚏西宝伝下車、⛴5分の宝伝港から定期船で10分、犬島港下船

問い合わせ
岡山市観光推進課
☎086-803-1332

△犬島精錬所美術館／写真：阿野太一　柳幸典「ヒーロー乾電池／ソーラー・ロック」(2008)／写真：阿野太一

犬島は江戸時代から良質な花崗岩（かこうがん）の産地だった。犬島石と呼ばれ、岡山城などの石垣にも使われている。1909（明治42）年には銅を製錬する犬島製錬所が建設され、一時は島の人口が急増。港の周辺には社宅や飲食店、娯楽施設が建ち並んでいた。

集落の中で展開している犬島「家プロジェクト」では、古民家や島内にある素材を活用し、島の風景と一体になるようなアートを生み出している。5軒のギャラリー（有

美術館敷地の製錬所の最奥部にある発電所跡の建物

犬島精錬所美術館　近代化遺産　発電所跡／提供：福武財団

料）と集落の空き地でアーティスト6名の作品が展示されている。

「犬島精錬所美術館」は銅製錬所の遺構を保存・再生した美術館。日本の近代化に警鐘を鳴らした作家・三島由紀夫をモチーフにした家の廃材が宙に浮くアートワークは、柳幸典（やなぎゆきのり）による作品。高い煙突を利用した建物は、建築家の三分一博志（さんぶいちひろし）により建てられた。煙突や人の動きにより流れる空気で館内の温度を一定に保ち、環境にできるだけ負荷をかけないしくみになっている。

●犬島精錬所美術館・犬島「家プロジェクト」
☎086-947-1112
🕘9:00〜16:30（入館は16:00まで）
休 12月〜2月全日、火〜木曜（3月1日〜11月30日）
¥2100円（※）

※犬島精錬所美術館・犬島「家プロジェクト」・犬島 くらしの植物園共通

TEKU TEKU COLUMN

奇祭・西大寺会陽（裸参り）　地図p.143-H

吉井川沿いに建つ西大寺では、毎年2月の第3土曜、男たちによる熱い戦いが繰り広げられる。午後8時頃から境内にまわし姿の男たちが集まり始め、垢離取り場（こりとりば）で身体を清めた後、牛玉所大権現（ごおうしょだいごんげん）を詣で、本堂の大床で数千人が押し合う。夜10時に灯りが消され、御福窓から投げ入れられた宝木（しんぎ）を男たちが奪い合う。うまく手に入れた者は福男と呼ばれ、その年の幸運が約束されるという。

食べる＆買う

鉄板焼
備彩
びさい

地図p.16-A
JR岡山駅から🚶すぐ

駅前のホテルグランヴィア岡山19階にある鉄板焼レストラン。人気のランチコース、千屋ランチ1万200円〜は、岡山のブランド牛「千屋牛」をメインに、先付け、スープ、焼野菜、デザートなどが味わえる。また、店内にある水槽の中の伊勢海老や鮑を焼いてもらう楽しみもある。

📞086-233-3138（予約専用）
📍岡山市北区駅元町1-5 ホテルグランヴィア岡山19階
🕐11:30〜14:00LO、17:30〜21:00LO
🈚無休　＊24席　🅿171台

瀬戸内の日本料理
割烹ままかり

地図p.16-D
岡山電気軌道西大寺町電停から🚶4分

瀬戸内海天然魚、なかでも岡山名産の魚ママカリを使った料理が評判の店。酢漬け、炭焼（要予約）、寿司などのママカリ料理が存分に楽しめる。お昼は酢漬けや南蛮漬けにし

たママカリに刺身、魚の煮つけなどを盛り込んだままかり昼膳4320円がおすすめ。夜の会席料理は7560円〜。地アナゴや黄ニラなど、岡山ならではの味覚が味わえる。瀬戸内海で採れた魚をふんだんに使った魚島コース8640円〜。

📞086-232-1549
📍岡山市北区表町3-9-2
🕐11:30〜13:30LO（金・土曜のみ営業）、17:00〜21:30LO
🈚日曜、祝日（予約により不定休）
＊40席　🅿10台

寿司
吾妻寿司 さんすて岡山店
あづまずし さんすておかやまてん

地図p.16-A
JR岡山駅構内

1912（明治45）年創業の老舗寿司店。看板メニューのままかり寿司1210円は、酢で締めたままかりと朝日米、上にのった昆布が一体となった絶妙な味。岡山独特のちらしの寿司として有名なばら寿司（赤出汁付き）1980円は、四季折々の山海の幸がたっぷりと楽しめる一品だ。岡山駅の新幹線改札口近くに位置しているので便利。

📞086-227-7337
📍岡山市北区駅元町1-1
さんすて岡山2階
🕐11:00〜21:30LO
🈚無休　＊30席　🅿なし

カフェ
⑤deli田町店
まるごデリたまちてん

地図p.16-C
JR岡山駅から🚶7分

果物の国、岡山で生まれた絞りたてのフレッシュジュース450円〜が味わえるカフェ＆ジューススタンド。夏〜秋の旬の季節には白桃やピオーネのジュースなど、10種類以上もの品が並ぶ。コーヒーはエスプレッソ320円などメニュー豊富。ラスクや、クッキー、ブラウニーなどのスイーツもある。

📞086-235-3532
📍岡山市北区田町1-1-11
🕐11:00〜21:00（土曜〜23:00）
🈚第1火曜　＊10席　🅿なし

日本料理
おかやまの味 藤ひろ
おかやまのあじ ふじひろ

地図p.16-A
JR岡山駅から🚶7分

瀬戸内海の魚と自家栽培の野菜を岡山の日本酒で味わう日本料理店。岡山名物サワラの刺身をはじめ、アナゴ、オコゼ、岡山特産黄ニラなど、岡山

の魚を堪能できる瀬戸内会席5500円〜はオススメ。夏はハモ、冬はフグのフルコース8800円〜も人気がある。岡山の6蔵元30種の日本酒、7種の焼酎の飲み比べも楽しみ。

📞 086-223-5308
📍 岡山市北区野田屋町1-8-20
🕐 17:30〜21:00LO
休 日曜・祝日　＊60席　Ⓟなし

ソースカツ丼
味司 野村
あじつかさ のむら

地図 p.16-A
JR岡山駅から 🚶10分

　岡山のご当地グルメ、ドミグラスソース・カツ丼発祥の店。地元朝日米のご飯にゆでた岡山産のキャベツ、揚げたてのカツをのせ、創業から伝統のまろやかな味のドミグラスソースをかける。ソースの上にはグリンピースを5粒。食券を購入する際に、肉の種類と大きさを選択できる。ロースは800円、ヒレは900円。ソースのかかっていない玉子とじのカツ丼もある。

📞 086-222-2234
📍 岡山市北区平和町1-10
　 野村ビル1階
🕐 11:00〜21:00LO
休 無休　＊39席　Ⓟなし

日本料理
吉備膳
きびぜん

地図 p.16-C
JR岡山駅から 🚶すぐ

　駅前のホテルグランヴィア岡山にある日本料理店。おすすめは、ランチでもディナーでも供される「吉備膳」5500円。鰹と昆布で引いた一番出汁を楽しめる。天婦羅や茶わん蒸しなど月替わりの付け合わせも楽しみ。夜は蝦蛄や黄ニラなど、岡山ならではの料理と地酒を

📞 086-233-3138（予約専用）
📍 岡山市北区駅元町1-5 ホテルグランヴィア岡山2階
🕐 11:30〜14:00LO、
　 17:30〜21:00LO
休 月曜（祝日は営業）
　 ＊92席　Ⓟ171台

フルーツ
Fruits Enchante
フルーツ アンシャンテ

地図 p.16-A
JR岡山駅から 🚶すぐ

　岡山駅前の岡山タカシマヤ地下1階にある果物店。旬のフルーツたっぷりのスイーツを販売している。フルーツシュークリーム356円は、シュ

一生地の中にオレンジやキウイなどのフルーツが詰まっている贅沢な一品。新鮮なフルーツを使った加工品も販売しており、おみやげには、岡山産マスカットを使ったジャム864円や、コンポート2160円などがおすすめ。

📞 086-232-4600
📍 岡山市北区本町6-40
　 岡山高島屋地下1階
🕐 岡山高島屋に準ずる
Ⓟ300台

みやげ
晴れの国おかやま館
はれのくにおかやまかん

地図 p.16-B
JR岡山駅から 🚃岡山電軌東山行きで7分、♀下電停下車 🚶1分

　備前焼から郷土玩具、水産加工品、加工食品、菓子、地酒など、岡山ならではのおみやげが揃う。岡山特産のマスカットを使ったワイン1200円〜もある。フルーツ缶詰白桃1620円（写真中央）や清水白桃（ピオーネ）カレー626円、完熟トマトゼリー540円も人気。

📞 086-234-2270
📍 岡山市北区表町1-1-22
🕐 10:00〜19:00
休 火曜（祝日は営業）
Ⓟ城下地下 Ⓟ利用174台

海の幸から山の幸まで

一度は食べたい
岡山地元グルメ

温暖な瀬戸内海沿岸から内陸部の高原地帯まで、さまざまな食材に恵まれる岡山は、ご当地グルメも充実。岡山市内はもちろん、全県に散らばる自慢の味にも注目だ。

深みのある
ソースが
トンカツを包む

岡山市

Ⓐ デミカツ丼

トンカツに、デミグラスソースをかける和洋折衷の丼。味司野村（あじつかさ の むら）では1931（昭和6）年の創業時からのメニュー。やがて市内の各店に広がった。

戦前から変わらぬ味

津山市

Ⓑ 津山ホルモンうどん

ホルモンとうどんを味噌・醤油ベースのタレで炒める。明治以前から薬膳として牛肉を食べていたともいわれる津山市内、50店以上で提供。

ソースのコクを
感じる
人気の焼き飯

色は濃いけれど味はまろやか

ビールのつまみにも
ピッタリ

牛肉ゆかりの
土地に
親しまれている味

岡山市

Ⓒ えびめし

ご飯とエビを、ソースやケチャップなどで炒めた焼き飯。見た目は黒くてインパクトがあるが、マイルドな味わい。

真庭市蒜山高原

ひるぜん焼そば

1950年代、各家庭で作った
オリジナルダレの焼そばがブー
ムになった。そんな中で、
「ますや食堂」が作った焼そば
が評判となり、定着した。

味の濃い親鶏かしわ肉使用

甘辛ダレに
かしわ肉と
キャベツが合う

庶民の知恵から
生まれた
地元の味

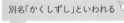
別名「かくしずし」といわれる

カキのうま味がたっぷり

備前市日生

日生カキオコ

カキ産地の日生では、さま
ざまな料理にカキを使用す
る。新鮮なカキ入りのお好み
焼きも、地元漁師の間では昔
からあったという。

岡山市

ばらずし

江戸時代、藩主の倹約令か
ら逃れるため、山海の幸を酢
飯に混ぜ込んだのが始まり。
今は具を上にのせた、華やか
なお寿司になっている。

お好み焼きにも
プリプリの
ご当地素材

岡山地元グルメ

ここで食べられます。

⋯味司 野村（デミカツ丼 800円〜。詳細は p.19）

⋯津山駅周辺の食事処　津山市観光振興課 ☎0868-32-2082、津山ホルモンうどん研究会HP

⋯えびめしや万成店（えびめし760円）　☎086-251-6221／🕚11:00〜22:00（21:30LO）／🈺12/31・1/1／地図p.143-D

⋯真庭市蒜山の食事処など　蒜山観光協会 ☎0867-66-3220、ひるぜん焼きそば好いとん会HP

⋯吾妻寿司 さんすて岡山店（ばら寿司1980円。詳細は p.18）

⋯JR日生駅周辺のお好み焼き店など　備前東商工会 ☎0869-72-2151

※食べられる店の一例です。

古代から戦国、江戸期まで
地図 p.143-C
吉備路で歴史探訪

「吉備路」と呼ばれてきた、岡山市北西部から総社市にかけての一帯。古代には「吉備国」として栄え、戦国時代には備中高松城がそびえ、今も歴史の足跡が残る。

アクセス・問い合わせ
JR岡山駅から吉備線を利用。吉備津駅まで14〜19分、備中高松駅まで18〜26分、足守駅まで22〜41分。ももたろう観光センター　☎086-222-2912

歴史ロマンあふれる里歩き

　今からおよそ1600年前、5世紀の初めごろにつくられた**造山古墳**は、古代吉備王国の首長の墓といわれている。その大きさは長さ約350mと、岡山県では最大、全国でも第4位の規模をしめている。

　大吉備津彦命を祀る**吉備津神社**は、古来から吉備地方の総氏神として崇敬されている。現在の本殿と拝殿は、1425（応永32）年に完成。吉備津造りともよばれる独創的な建築で、国宝に指定されている。

　さらに時代は下り戦国時代になると、毛利氏の戦国武将・清水宗治の居城として**備中高松城**が築かれた。1582（天正10）年、織田信長の家臣、羽柴秀吉による「高松城水攻め」の舞台として知られている。現在は公園として整備され、資料館や史跡散策が楽しめる。水攻めに利用された足守川の西岸には、江戸時代以降、商家や侍屋敷といった建物が建ち並んだ。今も歴史的、文化的資源が残り、県の町並み保存地区となっている。

県の重要文化財指定の吉備津神社廻廊　造山古墳全景　備中高松城跡の清水宗治公首塚　足守の武家屋敷

● **造山古墳**
📍岡山市北区新庄下　＊見学自由
JR足守駅から🚗10分

● **吉備津神社**
☎086-287-4111　📍岡山市北区吉備津931
🕐5:00〜18:00（受付9:00〜14:30）　JR吉備津駅から🚗5分

● **備中高松城跡**
高松城址公園資料館　☎086-287-5554　📍岡山市北区高松　🕐10:00〜1500、🈺月曜（祝日の場合は翌日）💴無料　JR備中高松駅から🚗10分

● **足守町並み保存地区**
足守観光協会☎086-295-1837　📍岡山市北区足守7　JR足守駅から足守プラザまで🚗10分

桃太郎は実在した!?
地名でたどる伝説の地

　吉備路は「桃太郎伝説」の舞台としても知られている。桃太郎の元とされる「温羅伝説」がこの地に伝わり、鬼のモデルとなった温羅が棲んでいたとされる「鬼ノ城」では、復元された門や礎石建物跡などが見られる。ほかにも温羅伝説に登場する「血吸川」「矢喰宮」「鯉喰神社」などといった地名や史跡が残されている。

吉備高原の南端に築かれている鬼ノ城

岡山のカルチャーエリアを歩く　　地図 p.16-B

出石町ぶらぶら散策

レトロな町並みを活かした、新たな町おこしが行われている
出石（いずし）町。のんびり散策しながら、その魅力を見つけに行こう。

アクセス
出石しろまち工房へは、JR岡山駅から岡山電軌で
4分の城下電停から🚶5分

　岡山城や後楽園にほど近い、旭川周辺の
出石町界隈は、第2次世界大戦の空襲をま
ぬがれたため、今も戦前の建物やレトロな
小路が残るエリア。カフェやクラフトショ
ップ、ギャラリーなども点在していて、これ
らに立ち寄りながらの昔町散歩が楽しめ
る。

　最寄りの電停は城下。ここから北に歩い
た東側、南北約800mの旭川沿いの町が出
石町。かつて案内所だった出石しろまち工
房の跡にはフランス仕込みの**カフェ キツ
ネ ロースタリー**（📞086-201-2534 地図
p.16-B）がオープン。人気のコーヒーはテ
イクアウトのみ。また、岡山神社や油掛大黒
天などの見どころも点在している。

　築140年の旧油屋の建物を用いた**アート
スペース油亀**（あぶらがめ）（📞086-201-8884／地図 p.
16-B）は、器とアートをテーマにしたギャ
ラリー＆カフェ。普段使いの器を意識した
企画展は、コーヒーカップをはじめさまざ
まなテーマで開催。詳細はウェブサイト
（https://www.aburakame.com）を参照。

□ カフェ キツネ ロース
タリー　□ 油掛大黒天
□ 旧福岡醤油店建物
油亀の企画展では販売も
行っている　□ 趣のある
油亀の建物

出石町

TEKU TEKU COLUMN

イオンモール岡山の地元発ショップに注目

　2014年12月にJR岡山駅近くにオープン
した複合施設。岡山のクリエイターによる
アイテムが揃うハレマチ特区365、地元で
人気の鮨いわ栄（さかえ）、地ビールを扱うクラフト
ビアショップ独歩（どっぽ）など約350店が集まる。

📞 086-803-6700
🕙 10:00〜21:00（レストランは11:00〜23:00）
※店舗・時期により異なる／地図p.16-C

□ 吹抜の未来スクエア
□ 岡山発のオーダーメ
イドmy shoes factory-
haku89

倉敷

江戸情緒と西洋文化が融合した不思議な魅力の町

　白壁と掘割の町並み、倉敷川両岸には長い枝を垂らした柳の木。美観地区には、かつて徳川幕府の直轄地・天領として栄えた面影が残り、多くの観光客をひきつけている。「ひやさい」と呼ばれる狭い路地や、なまこ壁に挟まれた小路など、横道に迷い込む楽しさもある。懐かしい雰囲気のむかし町を歩いてみよう。

HINT

倉敷への行き方

●航空機での行き方

　最寄りの空港は岡山空港。東京以外からの便だと、倉敷への連絡バスが接続していない場合がある。その場合は、便数の多い岡山駅行きバスを利用、JR山陽本線に乗り継ぐほうが早いことも。

●鉄道での行き方

　東京・大阪方面から新幹線利用の場合、最寄りの駅は岡山。ここで山陽本線の快速か普通に乗り換える。夜行寝台特急の「サンライズ瀬戸・出雲」利用だと、岡山に6時27分頃到着。九州方面からは、福山駅停車の新幹線「のぞみ」、「さくら」、「ひかり」を利用、山陽本線の快速に乗り換える。

●高速バスでの行き方

　東京からは新宿・東京駅などが起点。所要時間は9時間50分〜11時間30分で、料金は6300円〜。大阪からは所要時間4時間、3550円〜。

エリアの魅力

町歩き
★★★★★
ショッピング
★★★
瀬戸内の味
★★★★

旬の情報:
2月下旬〜3月下旬まで、美観地区周辺の歴史的町並みが、行灯などによってライトアップされる

観光の問い合わせ先

倉敷駅前観光案内所
☎086-424-1220
倉敷館観光案内所
☎086-422-0542
倉敷市観光休憩所
☎086-425-6039
TiS倉敷支店
☎086-422-0272

交通の問い合わせ先

両備バス(高速バス)
☎0570-08-5050
JR西日本お客様センター
☎0570-00-2486
中国JRバス
(電話予約センター)
(東京〜倉敷)
☎0570-666-012

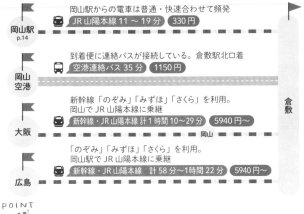

岡山駅 p.14	🚆	岡山駅からの電車は普通・快速合わせて頻発 JR 山陽本線 11 ～ 19 分　330 円	
岡山空港	🚌	到着便に連絡バスが接続している。倉敷駅北口着 空港連絡バス 35 分　1150 円	倉敷
大阪	🚆	新幹線「のぞみ」「みずほ」「さくら」を利用。 岡山で JR 山陽本線に乗継 新幹線・JR 山陽本線 計 1 時間 10 ～ 29 分　5940 円～	岡山
広島	🚆	「のぞみ」「みずほ」「さくら」を利用。 岡山駅で JR 山陽本線に乗継 新幹線・JR 山陽本線　計 58 分～1 時間 22 分　5940 円～	

POINT

はじめの一歩

　倉敷駅の改札口は 1 カ所。美観地区へは改札を出て左の南口へ。タクシー、バス乗り場、レンタサイクル受け付けも南口にある。**観光情報を手に入れる**…改札を出て右手の西ビル 2 階の倉敷駅前観光案内所（9:00 ～ 18:00、12 月 29 日～ 31 日休）で、美観地区の地図を入手しよう。宿の予約は改札を出て右の旅行代理店・TiS で。

! HINT

まわる順のヒント

●倉敷駅から美観地区へ、どの道で行くか
倉敷中央通り…駅前から続く大通りで、広い歩道が整備されている。わかりやすい道だが、車の交通量が多い。美観地区入口の交差点を左折し、倉敷川沿いの道に出ると大原美術館前。
ビオス倉敷～倉敷えびす通り…駅前から続くアーケードの商店街。地元客向けの商店が中心だが、沿道には画廊や骨董屋なども。旧大原家住宅の裏手で外へ出て、ここから井上家までの本通りは、なまこ壁や板塀の酒屋などが並ぶ。

●美観地区は早い時間から回る
　美観地区は 17 時を過ぎると、美術館などの施設や店がほとんど閉まるので、できるだけ早い時間に訪れたい。まず美観地区とその周辺に集まる大原美術館、アイビースクエアなどを回り、そのうえで、本町通りや大橋家住宅周辺などをルートに加えよう。

●食事をするなら
　美観地区には、ママカリや瀬戸内海の小魚を中心とした郷土料理店や、旅館経営の食事処が何軒もある。雰囲気のいい喫茶店も多く、ひと休みするにはもってこいだ。ただし、夜は比較的早じまいで、料理屋でも 19 ～ 20 時頃には閉まる店が多い。駅前や倉敷中央通り近辺の店なら、遅くまでやっているところも。

倉敷・町並み観察 の豆知識

●雁木（がんぎ）
　倉敷川は潮の満干の影響を受けて水位が変わる。荷物の積み下ろしに支障がないように、雁木と呼ばれる石の階段が造られた。現在では倉敷民藝館の前や倉敷考古館の横あたりに見られる。

●家紋入りの瓦
　倉敷の豪商たちは、自分の家の紋や屋号を瓦に現し、家の格式を誇った。軒先につけられた紋瓦もそのひとつ。江戸時代までは丸瓦しか許されていなかったが、明治時代になるとその規制がなくなった。

●倉敷窓と白壁
　商家では、2 階に家具類を置くのが一般的だったが、天領である倉敷では、2 階から通りを見下ろすのは失礼にあたるとして、窓を小さくした。これが倉敷窓だ。倉敷窓の木枠部分が白壁にぴたりとはめ込まれているのが美しい。

倉敷市街の交通

●倉敷・岡山の定期観光バス

　JR岡山駅西口発の両備バスの定期観光バス2コースのうち、Aコースはやまわり後楽園・倉敷が、美観地区を経由する。3月20日〜11月30日の間毎日運行。ただし、12月1日〜3月19日は運休なので注意。受付は岡山駅西口のバスターミナル5番付近にある総合案内所で行っている。

「はやまわり後楽園・倉敷」コース
岡山駅12:20発〜岡山城〜後楽園〜夢二郷土美術館〜倉敷美観地区（自由散策）〜倉敷駅〜岡山駅17:10着
🚌 4100円（倉敷駅まで3560円）
両備バス ☎086-232-2155

●路線バスで移動する

　駅から美観地区などの観光地はほぼ徒歩圏内だが、一部路線バスも利用でき、倉敷駅前バスセンターの3番乗り場から、両備バスが大原美術館経由の便を2系統運行する。料金は170円で1時間に合計2〜6本。バス停から美術館の正面入口までは徒歩で4〜5分かかる。

　倉敷アイビースクエアや東町方向へは、6番乗り場発の下電バス（☎086-231-4331）の児島駅行きに乗り、乗車8分の🚏倉敷芸

文館東で下車すると近い。料金は170円で1時間に2〜3本程度。

●タクシーを利用する

　北口、南口ともに乗り場がある。美観地区へは台数が多い南口が便利。中型も小型も同じ乗り場なので、小型希望の場合は順番を譲って待とう。料金目安は美観地区560円前後、鶴形山800〜900円、鷲羽山6800円〜。

　観光タクシーなら、両備グループの「おかやまぶらり旅」がリーズナブルでおすすめ。「後楽園・倉敷をぶらり」「倉敷・吉備路をぶらり」コースが4時間1万3000円、「倉敷・瀬戸大橋をぶらり」が5時間1万6500円。詳細は☎086-262-3939へ。

●レンタサイクルを使う

　坂が少ない町なので自転車が便利。受け付けは倉敷駅構内の駅レンタカー営業所（☎086-422-0632、8:00〜19:00・営業は20:00まで）。4時間350円、1日500円。美観地区周遊の目安は3〜4時間。

三井アウトレットパーク 倉敷 P.34
アリオ倉敷 P.34
倉敷みらい公園
川入
日吉町
石見町
ホテルサンプラザ倉敷
水島臨海鉄道

♪徒歩2分

0　　　　　100m

周辺広域地図 P.143

N

総社へ

日ノ出町(一)　岡山へ

B

寿町公園

寿町

山陽本線

昭和(一)

P

昭和町

JRバス

429

昭和(二)

C

倉敷税務署

南幸町

しけい病院
(1F・倉敷昆虫館)

幸町

倉敷駅北口

山陽マルナカ

両備バス
観光センター

ホテルリブマックス
岡山倉敷駅前

センチュリオンホテル&スパ倉敷

倉敷カトリック教会

倉敷法務合同庁舎

裁判所

倉敷中央病院

倉敷駅　シティプラザ
東ビル

タクシー乗り場

天満屋

START　GOAL

倉敷駅前
(倉敷駅前バスセンター)

松田病院

倉敷郵便局

玉島信金

倉敷郵便局前

美和(一)

シティプラザ
西ビル

阿知(一)

倉敷市駅

ビオス倉敷

中国

ロイヤルパーク
ホテル倉敷

トマト

日本キリスト教団
倉敷教会

鶴形(一)

H

倉敷グローバル
ホテル

倉敷駅前
観光案内所
(倉敷駅前)
P.40

アパホテル
〈倉敷駅前〉
2F

ホテル・アルファーワン倉敷

倉敷ステーションホテル

倉敷東小学校　文

美和(二)

一番街

倉敷東幼稚園

近寺校へ

D

東横イン倉敷駅南口

倉敷中央通り

元町

阿知(三)

川西町

倉敷バイパス通り

鶴形(二)

E

鶴形山

川西橋

阿知(二)

本通り

観龍寺　卍

鶴形山公園

阿智神社 P.29

28-29

郷土料理浜吉
P.36

地蔵院　卍

ドーミーイン倉敷

協善院　卍

新児島館(仮称)
(2022年4月オープン予定)
P.29
倉敷公民館

本栄寺　卍

大橋家住宅　P.32

倉敷ロイヤルアートホテル

八間蔵 P.35

語らい座
大原本邸

今橋

本町周　井上家住宅

吉井旅館 P.40

P.40 倉敷駅前ユニバーサルホテル
P.40 コートホテル倉敷

有隣荘

料理旅館
鶴形 P.40

破流知庵
くらしき P.29

P.30 大原美術館

倉敷国際ホテル

加計美術館
大原美術館分館

中橋

倉敷考古館 P.33

美観地区 P.28

バス専用

P.32 倉敷市立自然史博物館

倉敷市観光休憩所

新渓園

倉敷館

旅館くらしき P.40

倉紡記念館 P.34

倉敷幼稚園

大原
美術館

P.33 倉敷民藝館

川舟流し船着場 P.29
P.40 倉敷アイビースクエア

中央図書館

P.29 日本郷土玩具館

桃太郎のからくり博物館

倉敷アイビースクエア P.34

P.32 倉敷市立美術館

高砂橋

F

中央一

白壁通り

G

稲荷町

あぶと倉敷館 P.40

前神橋

中央(二)

工房IKUKO

船倉町

中央二丁目

中央(一)

倉敷芸文館東
(船autarchy)

長通寺　卍

南町

倉敷芸文館 P.34

岡山大学
資源生物科学研究所

倉敷市大山名人記念館 P.33

向山

倉敷市役所へ

倉敷西小学校　文

船倉公園

27

てくさんぽ

倉敷美観地区

くらしきびかんちく

大原美術館をはじめ、歴史や芸術をテーマにした建物がズラリ並ぶ。「遊び心」を活かした施設を訪ねて見よう。

01 　見学 10分

語らい座 大原本邸

大原美術館を創設した孫三郎や聰一郎が生まれた旧大原家住宅を公開。建物は江戸時代中期に建てられたもので国の重要文化財。ブックカフェもあり休憩に。

♪086-434-6277／岡山県倉敷市中央1-2-1／◐9:00～17:00／休月曜(休日の場合は開館)、年末年始／¥500円

スタート	美観地区入口

↓150m 🚶 2分／🚲 1分

01 　大原邸

↓100m 🚶 2分／🚲 1分

02 　倉敷公民館

↓180m 🚶 3分／🚲 1分

03 　倉敷館

↓70m 🚶 1分／🚲 1分

04 　日本郷土玩具館

↓290m 🚶 5分／🚲 2分

05 　破流知庵くらしき

↓130m 🚶 2分／🚲 1分

06 　阿智神社

! HINT

歩行距離 **2.3km**

散策の目安 **2時間**

　倉敷美観地区はそれほど広くなく、道は平坦なところが多いため、散策だけなら15～20分もあれば回れる。白壁や川辺の柳の木など、江戸情緒あふれる町並を楽しもう。倉敷館には無料休憩所としてコインロッカー、トイレがある。小高い山の上に建つ阿智神社へは200段ほどの階段を上らなければならないが、境内から見下ろす倉敷の町並みは最高。

倉敷公民館

　3階の音楽図書室では、音楽愛好家だった大原總一郎のコレクションを聴くことができる。所蔵資料はSPレコード約4300枚、LPレコード約8400枚、ほか貴重盤も多数。

📞086-423-2135／📍岡山県倉敷市本町2-21／🕘9:00～21:00(日曜、祝日は17:15、音楽図書室は17:00まで)／㊡月曜(祝日は開館、翌日休)／🈓無料

倉敷館

　倉敷川のほとりにある木造洋風の建物。現在は観光案内所となっており、パンフレットなどが入手できる。

📞086-422-0542／📍岡山県倉敷市中央1-4-8／🕘9:00～18:00／無休／🈓無料

日本郷土玩具館

　全国の郷土玩具約5000点を展示、保有数は4万点を誇る。ショップやギャラリー、カフェも併設。

📞086-422-8058／📍岡山県倉敷市中央1-4-16／🕘9:30～17:00(11～2月10:00～)／㊡元日／🈓500円

破流知庵くらしき
　　　ばるぢあん

　食料品店「平翠軒」の2階にある、こぢんまりとしたギャラリーカフェ。大正時代に倉庫として使用されていた建物を利用している。窓から情緒ある町並を眺めながら、コーヒー350円やジェラリアカプリアイスクリーム350円を味わいたい。

📞086-427-1147／📍岡山県倉敷市本町8-8 2階／🕘10:00～17:00／㊡月曜、12月30日～1月3日／＊28席

阿智神社
　　　あちじんじゃ

　美観地区の一画にある鶴形山の山頂に鎮座する古社。絵馬殿からは倉敷の町並みが一望できる。

📞086-425-4898／📍岡山県倉敷市本町12-1／🕘8:30～17:00／＊境内自由

鶴形(二)
🚶徒歩1分

倉敷美観地区
1:4,180
0　　　50m
周辺広域地図 P.27

板壁・土塀が続く道、古い町並みが続く地区

●阿知の藤
鶴形山公園

GOAL
B
卍阿智神社 **06**
石畳の道がつづく
卍本栄寺
倉敷家並みが見えるビューポイント
倉敷格子もある約300年前の建物
瓦屋根の町並みを見下ろす

吉井 P.40
旅館
日本茶カフェ
上家宅
和食
つね家(瀬戸内料理)
バイストン美観地区店
アヴェニュウ(喫茶)
別館高田屋
新粋(郷土料理)
高田屋・焼鳥
酒造場
森田畳店
本町通り

05 破流知庵
くらしき
(喫茶・2階)

あちの郷ままかり亭 P.35
倉敷一陽堂(備前焼)

古い建物の焼鳥屋など、間口のせまい飲食店が多い。昔ながらの酒屋、畳屋、ちょうちん屋も

森田酒造場
本町

民家の玄関先をゆく。鉢植えが並ぶところも

観光みやげの店が集中する通り

勢屋
38

オルゴールミュゼ
いがらしゆみこ美術館
愛美工房

倉紡記念館
P.34

石垣とレンガの高い塀酒造場の裏口

ヤマウコーヒースタンド

代官所井戸跡

D
P.40 倉敷アイビースクエア

パブ赤煉瓦

筒屋(酒)

正門

倉敷アイビースクエア P.34

田屋(とうふ)
白壁通り

船倉町

歩道がせまくクルマが多い

TEKU TEKU COLUMN

くらしき川舟流し
　船頭が棹で漕ぐ川舟で、倉敷川を往復する(🕘9:30～17:00／㊡第2月曜を除き毎日運航[12月～2月は土日祝のみ]／🈓500円)。乗船券は倉敷館 📞086-422-0542で。地図p.28-C

世界の名画が一堂に会する

大原美術館でアートな時間

地図 p.28-C

美術にあまり詳しくない人でも、どこかで目にしたことのある有名な画家の作品がずらり。ただ眺めているだけで何かハートに伝わってくる、そんな名画に会える。誰もが気楽に「美の世界」を堪能できる空間だ。

倉敷の名士が集めた珠玉の作品群

　倉敷のシンボルともいえる、西洋・近代美術を展示する私立美術館としては日本初の美術館。倉敷紡績二代目社長の大原孫三郎が、前年に亡くなった友人の洋画家・児島虎次郎の業績を記念して、1930（昭和5）年に設立したもので、日本有数のコレクションを誇る美術館として名高い。

　ルノワールやモネなどの印象派を中心とした近代西洋画をはじめ、古代オリエント美術から国内外の近・現代作家の作品まで揃う。ギリシャ神殿を模した建物の本館と、隣接する分館、工芸・東洋館に分かれている。また、新しい展示施設「新児島館」（仮称）が2022年4月にオープンする予定。

　本館は、設立当初からの最も古い展示室。17世紀のエル・グレコ、19世紀のモネやルノワー

▤ 作者の長女麗子が描かれた肖像画「童女舞姿」
▤ 本館では、欧米の近・現代美術を一つの流れとして見ることができる

創設当初からある荘厳なギリシャ神殿風の本館の外観

ルなどの印象派から、20世紀を経て欧米の近代芸術まで、ひとつの流れとして見られるように展示。本館2階に主要作品が並ぶ。

　別棟にある工芸館は、柳宗悦の民芸運動に参加していた濱田庄司やバーナード・リーチらの陶芸作品、棟方志功の版画、芹沢銈介の染色作品を、作家ごとの部屋に分けて展示。建物の内装は、各作家の作品に合わせ、芹沢銈介がデザインした。

　東洋館は、先史時代より唐時代に至る中国を中心とした東アジアの古美術を展示。「一光三尊仏像」（北魏）など、注目すべき作品が多数展示されている。

　東洋館の先、日本庭園を抜けると分館。1961（昭和36）年に建設された近代日本の洋画展示室。藤島武二「耕到天」、岸田劉生「童女舞姿」、小出楢重「Nの家族」をはじめ、安井曾太郎、梅原龍三郎らの作品が展示され、本館の西洋美術と対をなしている。

♪086-422-0005／🕐 9:00〜17:00（入館は16:30まで）／🈑 月曜（祝日の場合は開館・7月下旬〜8月、10月は無休）、12月28日〜31日／¥1500円

大原美術館　名画ギャラリー

▲エル・グレコ『受胎告知』（本館）
聖母マリアと、キリスト受胎を知らせる大使が
描かれている。聖霊を表す鳩が見える。

▲ゴーギャン『かぐわしき大地』（本館）
独特の明るい色彩によって、人間本来の原始的
な生命力が表現されている。

◀モネ『睡蓮』（本館）
画面からは太陽の光、木々の影、水面のさざな
みなど、刻々と変化する水面の様子が伝わって
くる。

▲ミレー『グレヴィルの断崖』（本館）
パステルの作品。作者の故郷近くにあるこの断
崖は、晩年にいたるまで何度も描かれた。

▲ロートレック
『マルトＸ夫人―ボルドー―』（本館）
作者晩年の作品。女性の表情、身につけた衣服
は陰影に富み、存在感を放っている

大原美術館

31

大橋家住宅

おおはしけじゅうたく

地図 p.27-D
JR倉敷駅から🚶10分、大原美術館から🚶3分

　大橋家は、江戸時代後期に水田と塩田の開発で財を成した大地主。220年前の1796（寛政8）年築の主屋を含む4棟の建物は、重要文化財に指定されている。そのひとつが切妻造り本瓦葺きの長屋門。当時、長屋門を構えることは普通の町家には許されなかったことから、その格式の高さが窺える。採光と風通しをよくするために設けられた坪庭や広い土間、おどくうさんを祀った神棚、2階正面の倉敷窓など、江戸時代の様子を今に伝えるものが随所に見られる。

📞 086-422-0007　📍 倉敷市阿知3-21-31
🕘 9:00〜17:00（4〜9月の土曜→18:00）
🈺 12〜2月の金曜、年末年始　💴 550円　🅿 なし

倉敷市立美術館

くらしきしりつびじゅつかん

地図 p.28-C
JR倉敷駅から🚶15分、大原美術館から🚶3分

　1980（昭和55）年まで市庁舎として使用されていた建物を、美術館として再利用。設計者の丹下健三が「日本の縄文式伝統のコンクリートによる表現」と語ったように、コンクリートの打ち放し方式で雄大なスケールを誇っている。詩情あふれる作風で知られる日本画家・池田遙邨の作品など、郷土ゆかりの作家の作品を中心に展示している。

主な収蔵作品は池田遙邨作「森の唄」「閑」、坂田一男作「コンポジション」など。

📞 086-425-6034　📍 倉敷市中央2-6-1
🕘 9:00〜17:15（入館は16:45まで）
🈺 月曜（祝日の場合は翌日）
💴 コレクション展210円（特別展は変更あり）
🅿 なし

倉敷市立自然史博物館

くらしきしりつしぜんしはくぶつかん

地図 p.27-F
JR倉敷駅から🚶15分、大原美術館から🚶3分

　岡山県の自然をより深く理解するためにできた自然史博物館。1階には倉敷の化石動物、2階には岡山県内から産出したさまざまな化石、ツキノワグマやカブトガニなど、県内の動物や昆虫を展示。3階は植物展示と特別展会場になっている。

📞 086-425-6037　📍 倉敷市中央2-6-1
🕘 9:00〜17:15（入館は16:45まで）
🈺 月曜（祝日の場合は翌日）　💴 150円
🅿 市営P利用150台

有隣荘

ゆうりんそう

地図 p.28-A
JR倉敷駅から🚶15分、大原美術館から🚶1分

　大原美術館の創設者である大原孫三郎

が、夫人のために建てた別邸。現在は毎年春と秋の2回のみ、大原美術館主催の特別展会場として公開される。艶やかな緑色の瓦の色から、地元では「緑御殿」という呼び名で親しまれている。

大原美術館 ☎086-422-0005
📍倉敷市中央1-3-18
＊外観のみ見学自由 🅿なし

倉敷民藝館
くらしきみんげいかん

地図p.28-C
JR倉敷駅から🚶15分 ★大原美術館から🚶2分

　江戸後期の米倉を改装し、1948（昭和23）年開館。美しい暮らしを広めるために、日本のみならず世界各国の民芸品700点を展示している。陶磁器、ガラス、染織品、かごなど、約1万5000点を所蔵。

☎086-422-1637　📍倉敷市中央1-4-11
🕐9:00～17:00（入館は16:45まで）
　※12～2月は16:15まで（入館は16:00まで）
🈺月曜（祝日の場合は開館）　💴1000円　🅿なし

倉敷考古館
くらしきこうこかん

地図p.28-C
JR倉敷駅から🚶15分、大原美術館から🚶2分

　江戸時代の2階建て土蔵造りの米蔵を改

装した建物。古代、岡山県と広島県東郡の吉備と呼ばれる地域は、優れた文化を持ち栄えていた。旧石器時代から縄文・弥生・古墳時代の石器・骨角器・土器・青銅器・鉄器など、考古学的資料を多数展示している。また、インカ帝国以前、古代南米ペルーの土器もある。自然光が差し込む2階展示室には、蔵の面影も残っている。

☎086-422-1542　📍倉敷市中央1-3-13
🕐9:00～17:00
　（12月～2月は16:30まで。入館は30分前まで）
🈺月・火曜（祝日の場合は開館）、
　12月27日～1月2日　💴500円　🅿なし

倉敷市大山名人記念館
くらしきしおおやまめいじんきねんかん

地図p.27-G
JR倉敷駅から🚶15分、大原美術館から🚶6分

　倉敷市芸文館の一角にあり、数々のタイトルを制し十五世名人となった倉敷出身の棋士・大山康晴の功績を讃えて造られた。入口正面には大山名人の銅像があり、館内には優勝杯、名人直筆の書・陶板、飾り皿、対局写真、駒袋（名人の母親の手づくり）などや、トレードマークだった眼鏡も展示されている。畳敷きの自由対局コーナーは、小中学生や大人の将棋教室にも利用されている。

☎086-434-0003　📍倉敷市中央1-18-1
🕐9:00～17:15
🈺水曜（祝日の場合は翌日）、12月29日～1月3日
💴無料　🅿芸文館地下🅿（有料）利用

倉敷市芸文館
くらしきしげいぶんかん

地図 p.27-G
JR倉敷駅から🚶20分、大原美術館から🚶5分

　倉敷川河畔に広がる町に、新しいアートのひとつとして設けられたホール施設。直線と曲線が複雑にからみ合ったデザインのモダンな建物の外観は、蔵をモチーフにしている。主に演劇やコンサートなどが催されている。広大な敷地に茂る木々の緑が美しい広場は、散策にはもってこいだ。

📞 086-434-0400
📍 倉敷市中央1-18-1
🕐 9:00～22:00
🚫 水曜(祝日の場合は木曜)
🅿 なし

倉敷アイビースクエア
くらしきアイビースクエア

地図 p.29-D
JR倉敷駅から🚶15分、大原美術館から🚶8分

　明治時代に創設された倉敷紡績の工場をリニューアルし、1974(昭和49)年に開業

した。赤レンガの壁を覆った蔦(アイビー)と、中央のシンボル広場(スクエア)を合わせ、「アイビースクエア」と命名。「3つのこうぼう(交房・工房・考房)」をコンセプトとし、敷地内にはオルゴールなどさまざまな工芸品を扱う「愛美工房」や「倉紡記念館」などの資料館、美術館もある。レストランやホテル(p.40参照)も併設している。

●倉紡記念館

　1888(明治21)年からの倉敷紡績の歩みを文書・写真・模型・絵画などで展示している。特に、第5室にある大正時代の倉紡映画部が撮影したビデオ(上映時間5分弱)は保存状態も良好で、一見の価値あり。

📞 086-422-0011(アイビースクエア)
🕐 9:00～17:00(入館は16:40まで)
🚫 無休(メンテナンス休あり)　💴 300円
地図 p.29-D

アイビースクエア 📞 086-422-0011(代表)
📍 倉敷市本町7-1
🕐🚫💴 施設により異なる　🅿 120台

TEKU TEKU COLUMN

倉敷でショッピング
　倉敷駅北口には、ショッピング＆グルメスポットが充実している。「三井アウトレットパーク　倉敷」(📞086-423-6500)では、ファッションをメインに有名ブランドの商品が一部格安で手に入る。「アリオ倉敷」(📞086-434-1111)では、地元の老舗和菓子や岡山県産フルーツのスイーツ店などがある。両施設とも倉敷みらい公園に隣接。　地図p.26-A

TEKU TEKU COLUMN

**「新児島舘」(仮称)が
2022年オープン予定**
　児島虎次郎が収集したエジプトや西アジアの美術品を公開する施設として、本通りの旧中国銀行倉敷本町出張所に展示館が改装工事中。オープンは2022年4月の予定。詳細は大原美術館📞086-422-0005へ。

趣ある建物で絶品料理を

蔵グルメを味わおう

江戸時代に天領として栄えた倉敷は、白壁に囲まれた蔵造りの建物や倉敷窓、細い桟格子をもつ町屋が今も健在。そんな趣のある建物を利用した食事処で絶品グルメを楽しもう。

八間蔵
はちけんぐら

倉敷ロイヤルアートホテルの別館で、隣接する大橋家の米蔵を改装したレストラン。瀬戸内の季節の素材を使った四季折々のフランス料理が堪能できる。おすすめは季節のコースメニューで、芸術の秋には、名画のコレクションをイメージした料理もある。

📞 086-423-2122
📍 岡山県倉敷市阿知3-21-9
🕐 11:30〜14:30（13:30LO）、17:30〜21:30（20:30LO）
⊗ 無休　＊50席　🅿 30台
地図p.27-D／JR倉敷駅から🚶10分、大原美術館から🚶3分

蔵Check!
重い瓦屋根を支えるために、米蔵の柱や梁は太くて頑丈な木が使われている

あちの郷ままかり亭
あちのさとままかりてい

180年前の米蔵を使った食事処で、乙島や玉島のシャコ、下津井のタコ、寄島のサワラなど、瀬戸内海産の魚介類が楽しめる。人気のメニューは、ままかり定食2750円。

蔵Check!
夏は涼しく冬は温かな土蔵造り。壁のタイルもいろいろ

📞 086-427-7112／📍 岡山県倉敷市本町3-12／🕐 11:00〜14:00、17:00〜22:00／⊗ 月曜（祝日の場合は営業）／＊43席／🅿 なし／地図p.29-D／大原美術館から🚶3分

あぶと倉敷館「天領」
あぶとくらしきかん「てんりょう」

100年前の蔵屋敷を改装した割烹料理店。おすすめは、契約漁師が獲った新鮮な魚が満載の会席料理。鯛の骨蒸し1100円〜、イセエビの黄金焼き1100円など、単品料理も豊富。

蔵Check!
窓半分が目隠しされているような親付切子格子のある屋敷

📞 086-434-8055／📍 岡山県倉敷市本町5-15／🕐 11:00〜15:00、17:00〜22:00／⊗ 不定／＊80席／🅿 6台／地図p.28-C／大原美術館から🚶3分

食べる

イタリアン

煉天地
れんてんち

地図 p.28-A
JR倉敷駅から 🚶 6分

1978（昭和53）年創業のイタリア料理店。シチリア料理を中心とした本場の郷土料理が味わえる。ワイン（フルボトル2600円〜）も常時120種類以上揃えている。寄島産アサリのスパゲティ1760円〜がおすすめ。ランチコースは1100円〜。

📞 086-421-7858
📍 倉敷市阿知2-19-18
🕐 11:30〜14:00、18:00〜22:00
❌ 火曜（元日は除く）　＊34席
🅿 なし

カフェ

三宅商店
みやけしょうてん

地図 p.28-A
JR倉敷駅から 🚶 15分

江戸時代に建てられた町家を利用しカフェに。リンゴをほうじ茶でコンポートし、2種類のアイスクリームを加えたリンゴのパフェ950円（11月上旬〜12月上旬限定）など、季節の果物を使ったパフェがおすすめ。

📞 086-426-4600
📍 倉敷市本町3-11
🕐 11:30〜17:30（土曜11:00〜20:00、日曜8:00〜17:30）
❌ 無休　＊35席　🅿 なし

郷土料理

郷土料理 浜吉
きょうどりょうり はまよし

地図 p.28-A
JR倉敷駅から 🚶 8分

ママカリ、オコゼのほか、瀬戸内海などで揚がった新鮮な地魚を使った郷土料理の店。ままかり定食は刺身、酢漬けなどのほか、名物ままかり寿司が付いて2750円。

📞 086-421-3430
📍 倉敷市阿知2-19-30
🕐 12:00〜14:00、17:00〜23:00
❌ 月曜　＊57席　🅿 2台

喫茶店

エル・グレコ

地図 p.28-A
JR倉敷駅から 🚶 12分

大原美術館のすぐ隣りにあり、蔦のからまった外観が印象的。大正末期の建物を利用して1959（昭和34）年に開店した。コーヒー・紅茶各600円のほか、カステイラ380円、レアチーズケーキ550円なども。倉敷を訪れるときは必ず寄るというファンも多い。

📞 086-422-0297
📍 倉敷市中央1-1-11
🕐 10:00〜17:00
❌ 月曜（祝日の場合は営業曜）
＊40席　🅿 なし

鯛茶漬け

お食事処 鶴形
おしょくじどころ つるがた

地図 p.28-A
JR倉敷駅から 🚶 14分

料理旅館鶴形の和食処。倉敷川のほとりにあり、地元の人もよく訪れる。鯛茶漬1800円は、瀬戸内海産の鯛をていねいに下ごしらえし、独自のたれを加えたオリジナルメニュー。鯛のうま味を引き出す銘茶「上青柳」使用。お茶をたっぷりかけたあと、15秒ほど蒸らして一気に食べるのが通の食べ方とか。

📞 086-424-1635
📍 倉敷市中央1-3-15
🕐 11:00〜14:00、14:00〜17:00、17:30〜20:00
❌ 月曜（祝日の場合は営業）
＊30席　🅿 なし

和食
旅館くらしき
りょかんくらしき

地図p.28-C
JR倉敷駅から🚶15分

　旅館のレストラン部門で、季節の食材を使った昼食が楽しめると評判。一番人気は四季で献立が変わる散歩道御膳2035円。二段重ねの箱重に焼き物、揚げ物、刺身など12品の小鉢料理が入る。

📞 086-422-0730
📍 倉敷市本町4-1
🕐 11:00～17:00
　（昼食は14:00LO）
🈺 平日の月曜　*42席　Ｐなし

和定食
お食事処カモ井
おしょくじどころかもい

地図p.28-A
JR倉敷駅から🚶13分

　江戸時代に建てられた蔵屋敷を利用している。目前の倉敷川を眺めながら、ゆったりとくつろげる。人気はままかり定食1760円で、焼き物、お造り、天

ぷら、一品料理がつく。抹茶アイスののった和風パフェ880円や、クリームあんみつ880円などの甘味類も充実。

📞 086-422-0606
📍 倉敷市中央1-3-17
🕐 10:00～18:00（17:20LO）
🈺 水曜、第2月曜（第2水曜は営業）
*130席　Ｐなし

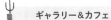

ギャラリー＆カフェ
夢空間はしまや
ゆめくうかんはしまや

地図p.143-G
西大寺町電停から🚶20分

　東町の古い町並みの建物のひとつ、はしまや呉服店の旧米蔵を改装したサロン。珈琲・紅茶各500円、ケーキセット900円、抹茶（和菓子付）550円。ギャラリー展示も行われる。

📞 086-451-1040
📍 倉敷市東町1-20
🕐 11:00～17:00（平日15:00）
🈺 火曜・そのほか不定休あり
*30席　Ｐなし

ピザ
pizzeria CONO foresta
ピッツェリア コノ フォレスタ

地図p.28-A
西大寺町電停から🚶15分

　イタリアナポリ製の薪窯で焼く本格ピザがいただける。90年前の日本家屋を改装した趣のある店内の席と、開放的で、緑豊かなテラス席があ

る。マルゲリータ1180円などのほか、生ハムサラダや瀬戸内産タコのマリネなどの前菜も豊富。サラダとドリンクが付いたランチは1500円～。

📞 086-423-6021
📍 倉敷市阿知2-23-9
🕐 10:00～18:00（金～日曜～21:00）
🈺 月曜・第2火曜
*48席　Ｐなし

うどん
備中手打ちうどん おおにし
びっちゅうてうちうどん おおにし

地図p.28-C
倉敷駅から🚶15分

　手打ちにこだわった麺はもちもちの食感。倉敷名物のぶっかけうどん900円（写真）は、たっぷりの天かす、のり、ネギ、ショウガ、カツオ節とウズラの玉子がのる。ほかに、冷やし山かけうどん900円や、サイドメニューのさば寿司2個350円、いなり寿司2個300円などもおすすめ。

📞 086-422-8134
📍 倉敷市本町5-29
🕐 10:00～17:00
🈺 不定休　*30席　Ｐなし

レトロな町で見つけたアートな一品

倉敷のおみやげセレクション

①

②

③

Ⓐ ミニフレーム　1430円

クロード・モネの作品『積みわら』のコンパクトな絵入りフレーム

Ⓐ アクリルマグネット　各770円

大原美術館所蔵の代表的な作品がマグネットの絵柄に。①児島虎次郎『和服を着たベルギーの少女』、②クロード・モネ『睡蓮』、③アメデオ・モディリアーニ『ジャンヌ・エビュテルヌの肖像』

Ⓑ 箸置き
1個530円

ユーモラスな顔をした魚の箸置きは35種類。好みのものを見つけてみよう

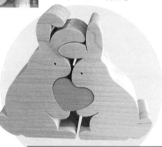

Ⓒ うさぎのカップルとハート（M）
3080円

倉敷在住の組み木作家・小黒三郎作。ほかに年の干支がモチーフの作品も

Ⓐ 大原美術館
ミュージアムショップ
おおはらびじゅつかんミュージアムショップ

図録や複製品のほか、所蔵の絵画がプリントされたオリジナルグッズやオリジナルマスキングが豊富。

📞 086-422-0005／📍 岡山県倉敷市中央1-1-15／🕐 9:00〜17:15／🏠 月曜（大原美術館に準ずる・p.30参照）／🅿 なし／地図 p.28-A

Ⓑ ギャラリー
たけのこ村
ギャラリーたけのこむら

直営窯元で焼いた備前焼を販売。縄文模様のコーヒーカップ1客5800円や花器1390円なども人気。

📞 086-426-0820／📍 岡山県倉敷市阿知2-25-31／🕐 8:00〜17:00／🏠 無休／🅿 なし／地図 p.28-A

Ⓒ 伊勢屋
いせや

大人も楽しめる木のおもちゃが揃う。地元のクラフト作家の作品など、アイテムが豊富で選ぶ楽しさも。

📞 086-426-1383／📍 岡山県倉敷市本町4-5／🕐 9:00〜18:00／🏠 月曜（祝日の場合は火曜休）／🅿 なし／地図 p.29-D

伝統的な倉敷ガラスをはじめ、郷土の作家が丹精こめた作品など、見るだけでも楽しい小物たち。自分へのおみやげはもちろん、プレゼントにも喜ばれる、倉敷ならではのアイテムをセレクト。

Ⓓ 倉敷ガラス 小谷栄次 小鉢 2350円

小谷真三氏と小谷栄次氏が手掛ける口吹きガラス。「小谷ブルー」と称される深い青が印象的

Ⓔ ベルガモットリキュール しまなみブルーヘヴン（200ml） 1100円

生口島・能勢ファームの低農薬ベルガモットで作られたリキュール。冷やして生でも、炭酸割りでもおいしい

Ⓕ 基帆トートバッグ小ヨコ　4400円

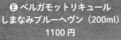

帆布そのものの良さを味わえるデザイン。ちょっとしたお出かけやランチバッグに便利なサイズ

Ⓔ 新橋ぶるう（500ml）　4110円

森田酒造醸造の純米酒。色がきれいな容器は吹きガラスで作ったもの

倉敷のおみやげセレクション

Ⓓ 日本郷土玩具館 サイドテラス

中庭に面したガラス張りのショップ。「倉敷ガラス」をはじめ、ガラス器、陶器、漆器、普段使いの器など、テーブルウェアを取り揃えている。

📞 086-422-8058（受付平日10:00〜17:00）／📍岡山県倉敷市中央1-4-16／🕐 10:00〜18:00／🈺元日／🅿なし／地図p.28-C

Ⓔ 平翠軒
へいすいけん

隣接する森田酒造のアンテナショップ。店内には、アルコール類のほかにも、店主が集めたこだわりの調味料なども並んでいる。

📞 086-427-1147／📍岡山県倉敷市本町8-8／🕐 10:00〜18:00（月曜13:00〜17:00）／🈺月曜の午前／🅿 3台／地図p.29-B

Ⓕ バイストン 美観地区店
バイストンびかんちくてん

帆布織物工場の直営店。倉敷帆布は全国シェア7割を占める。なかでも人気があるのは、丈夫で使うほどに味が出るバッグ類。

📞 086-435-3553／📍岡山県倉敷市本町11-33／🕐 10:00〜17:00／🈺年末年始／🅿なし／地図p.29-B

コートホテル倉敷	♪086-425-5100／地図p.27-F／Ⓦ3400円〜／Ⓣ3400円〜 ● 客室は世界の庭園をテーマにしており、ゆったりと滞在できる。
料理旅館 鶴形（つるがた）	♪086-424-1635／地図p.28-A／1泊2食付き2万1800円〜 ● 山や海の幸をふんだんに使った料理が自慢の隠れ家的な宿。
吉井旅館	♪086-422-0118／地図p.29-B／1泊2食付き2万3000円〜 ● 江戸時代に建てられた建物を利用した老舗割烹旅館。
アパホテル〈倉敷駅前〉	♪086-426-1111／地図p.27-D／Ⓢ1万5000円〜／Ⓣ3万円〜 ● JR倉敷駅前から徒歩1分の好立地。リーズナブルな料金が魅力。
旅館くらしき	♪086-422-0730／地図p.28-C／1泊2食付き3万2000円〜 ● 江戸時代の建物や蔵を改築した、趣のある和風老舗旅館。
倉敷アイビースクエア	♪086-422-0011／地図p.29-D／Ⓢシングルユース5700円〜／Ⓣ1万3000円〜 ● レストランや文化施設も敷地内にある。客室はヨーロピアンテイスト。
あぶと倉敷館	♪086-434-8038／地図p.28-C／1泊2食付き2万4650円〜 ● 蔵屋敷の面影を残す癒しの宿。四季折々の瀬戸内海の幸を味わえる。
倉敷駅前 ユニバーサルホテル	♪086-434-0111／地図p27-F／Ⓢ4890円〜／Ⓣ7980円〜 ● バイキングの朝食、日替わり定食の夕食が無料でつく。温泉入浴も無料。
ホテルグランヴィア岡山	♪086-234-7000／地図p.16-A／Ⓢ7000円〜／Ⓣ1万2600円〜 ● JR岡山駅直結で観光の拠点に便利。全室Wi-Fiを無料で利用できる。
岡山ビューホテル	♪086-224-2000／地図p16-D／Ⓢ6200円〜／Ⓣ1万1800円〜 ● 岡山市の中心街に位置し、岡山城や後楽園が徒歩圏内と便利。
レガロホテル岡山	♪086-235-6300／地図p.16-A／Ⓢ5500円〜／Ⓣ9200円〜 ● リーズナブルな宿泊プランが豊富。無料の朝食ビュッフェも好評。
岡山スクエアホテル	♪086-232-1101／地図p.16-C／Ⓦシングルユース3800円〜／Ⓦ6200円〜 ● 田町電停から徒歩3分と、繁華街に近い。無料朝食付き。

TEKU TEKU COLUMN

国産ジーンズは岡山で生まれた！
児島ジーンズ（こじま）

　岡山県児島地区では昔から繊維産業が盛んで、長く縫製などの技術が受け継がれてきた。特に、1965（昭和40）年に国内で初めてジーンズが発売されてから、国産ジーンズ発祥の地として有名になった。

　岡山駅から特急で22分、児島駅から徒歩15分、ジーンズメーカーの直営店が軒を連ねる児島ジーンズストリートには、サウスエリアとウエストエリアに分かれて計29店舗が並ぶ。デニム雑貨のJEANZOO（♪086-441-5541）、ブッシュパンツの

HIGH ROCK（♪086-472-7825）、織りと染めにこだわる桃太郎JEANS児島味野本店（♪086-472-1301）など。個性的な逸品を探してみよう。　地図p.143-G

尾道
呉

尾道

尾道水道の向かいが向島

エリアの魅力

町歩き
★★★★★
観光スポット
★★★
古寺めぐり
★★★★

旬の情報：
千光寺公園の桜ライトアップ（3月下旬〜4月下旬）、鞆（p.58）・町並みひな祭（2月下旬〜3月下旬）

問い合わせ先

尾道市観光課
♪0848-38-9184〜5
尾道駅観光案内所
♪0848-20-0005
尾道観光協会
♪0848-36-5495
JR西日本
♪0570-00-2486
新宿〜尾道
小田急バス予約センター
♪03-5438-8511
中国バス予約センター
♪084-954-9700
近鉄バス高速予約センター
（大阪〜尾道）
♪0570-001631
中国バス尾道営業所
（空港連絡バス）
♪0848-48-2211
おのみちバス
（新尾道〜尾道）
♪0848-46-4301
レンタサイクル
（尾道観光協会）
♪0848-36-5495
備三タクシー
♪0848-37-2800

路地を抜けると家並みの間に海がのぞく坂の町

　瀬戸内海沿岸の気候温暖、風光明媚な地に多くの文人墨客が訪れ、たくさんの足跡を残している坂の町。駅裏手には、町のシンボルの千光寺山がそびえる。山頂から尾道水道に面して町が開け、坂道や石段が多いのも特徴だ。また、2.8kmの道沿いに25もの寺が並び、信仰心のあつい町でもある。地元出身の大林宣彦監督作品など、映画のロケ地めぐりの人気も高い。

尾道への行き方

●航空機での行き方

　広島空港から三原行きの連絡バスに乗り、三原駅で山陽本線に乗り換え、尾道駅へ。バスで白市駅へ出る方法もあるが、白市駅から尾道方面への列車の本数は三原駅からより少ないので注意。

●鉄道での行き方

　東京・名古屋からは、新幹線「のぞみ」、「ひかり」を利用、福山駅で山陽本線に乗り換えると早い。大阪からは、同じくのぞみ号、ひかり号で福山駅で乗り換えるか、こだま号で新尾道駅へ。そこから尾道駅前行きのバスを利用。所要時間はそれほど変わらない。

●高速バスでの行き方

　東京からは新宿駅西口から夜行高速バスが運行。昼行便は大阪、神戸からのほか、広島や、今治、松山からの便が運行している。

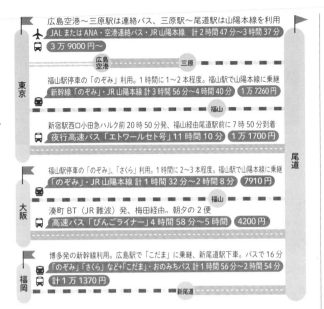

東京

広島空港～三原駅は連絡バス、三原駅～尾道駅は山陽本線を利用
✈🚌 JAL または ANA・空港連絡バス・JR 山陽本線　計 2 時間 47 分～3 時間 37 分
🚌 3 万 9000 円～

広島空港　　　　三原

福山駅停車の「のぞみ」利用。1 時間に 1～2 本程度。福山駅で山陽本線に乗継
🚄 新幹線「のぞみ」・JR 山陽本線 3 時間 56 分～4 時間 40 分　1 万 7260 円

福山

新宿駅西口小田急ハルク前 20 時 50 分発、福山経由尾道駅前に 7 時 50 分到着
🚌 夜行高速バス「エトワールセト号」11 時間 10 分　1 万 1700 円

大阪

福山駅停車の「のぞみ」、「さくら」利用。1 時間に 2～3 本程度。福山駅で山陽本線に乗継
🚄 「のぞみ」・JR 山陽本線 計 1 時間 32 分～2 時間 8 分　7910 円

福山

湊町 BT（JR 難波）発、梅田経由。朝夕の 2 便
🚌 高速バス「びんごライナー」4 時間 58 分～5 時間　4200 円

福岡

博多発の新幹線利用。広島駅で「こだま」に乗継、新尾道駅下車。バスで 16 分
🚄 「のぞみ」「さくら」など+「こだま」・おのみちバス 計 1 時間 56 分～2 時間 54 分
🚌 計 1 万 1370 円

新尾道

尾道

POINT まわり方のヒント・はじめの一歩のすすめ方

●尾道駅に着いたら

観光情報を入手する…尾道駅構内にある観光案内所（地図 p.46-A）で、尾道観光案内地図、おのみちグルメマップ、おのみちロケ地案内図などの観光資料が手に入る。

バスに乗る…千光寺山ロープウェイ最寄りの、長江口（なが え ぐち）バス停に行く路線の乗り場には、ロープウェイのマークが付いている。1・5 番に長江口経由の便が多い。新尾道駅へは 3・4 番。

観光タクシーに乗る… 2 時間 30 分コースが 1 万 4000 円（中型）。尾道駅から林芙美子の碑、西國寺、浄土寺などをめぐる。そのほか、1 時間から 4 時間まで各種コースあり。貸し切り利用の目安金額は、1 時間あたり普通車 5600 円、大型が同 7200 円。

●尾道駅から移動する

古寺めぐりコース…尾道駅から浄土寺までの古い寺をめぐるコース。スタート地点は尾道駅から国道 2 号線を東へ 3 分ほど行った林芙美子像。沿道には道標や案内板が整備され、石畳の道なので歩きやすいが、長い石段や小さな坂を上り下りすることが多い。全行程を歩いて回ると 3 時間半ほどかかる。

映画のロケ地をめぐる…尾道市出身の大林宣彦監督が、尾道を中心に撮影した作品「転校生」や「時をかける少女」などのロケ地が市内に点在。観光案内所などでロケ地マップを配布している。

おのみちフリーパス

おのみちバスの 1 日乗車券と千光寺山ロープウェイの往復券がセットになったお得な乗車券で 600 円。これを使えばおのみち映画資料館や浄土寺など観光施設の入館料や拝観料の割引も受けられる。発売場所は、尾道駅観光案内所やしまなみ交流館 1 F の尾道駅前バスセンターなどで。ロープウェイ乗り場では購入できないので注意。問い合わせは ☎0848-46-4301 まで。

レンタサイクル

尾道港のグリーンヒルホテル尾道隣りに尾道港レンタサイクルターミナルがある。1 日 1100 円。電動アシスト自転車もあり、こちらは 1 日 1600 円。

観光ガイド

尾道市シルバー人材センターの観光ガイドによる、詳しい解説に人気がある。料金は 2 時間まで 3000 円で、1 時間増すごとにプラス 1000 円。申し込みは 5 日前まで。受け付けは土・日曜、祝日を除く 8:30～17:15。問い合わせは ☎0848-20-7700 まで。

尾道のミニ美術館

●尾道市立美術館

千光寺公園に建つ。安藤忠雄による設計で、尾道水道を望むテラス併設の喫茶コーナーもある。

📞 0848-23-2281　　📍 尾道市西土堂町17-19
🕐 9:00〜17:00（入館は16:30まで）
😊 月曜（祝日の場合は開館）
💴 要問い合わせ
🅿 千光寺Ⓟ（有料）利用　地図p.44-B
千光寺山ロープウェイ山頂駅から🚶3分

●MOU尾道市立大学美術館
えむおーゆー

尾道市立大学の附属美術館。大学美術科企画の展覧会を主に開催しており、教員、卒業生、学生たちによる個性豊かなアートが楽しめる。

📞 0848-20-7831　　📍 尾道市久保3-4-11
🕐 10:00〜18:00　😊 水・木曜（祝日開館）
💴 無料　🅿 5台　地図p.45-H
JR尾道駅から🚌おのみちバス5分、浄土寺下下車🚶3分

新鮮な魚を届ける「晩寄さん」

　手押し車に魚を乗せ、商店街やフェリー桟橋などで魚を売っている人を「晩寄さん」という。各家庭に晩に寄って魚を売っていた人を「バンヨリ」と呼んでいたのが名前の由来とされている。市にかけずに街角で売ることが認められ、魚を売り歩くのは漁業従事者の奥さんの仕事とされていた。最近では早朝から売る人が多い。魚は近海でとれたチヌやタコ、タイ、メバル、カレイなどを扱っている。また、尾道名物の「でべら（小20枚で1000円前後）」を販売している人もいる。「でべら」はタマガンゾウヒラメを天日で干したもので、ツチで軽くたたいてから焼いて食べる。

■■車を押し商店街などで売るでべら売り ■■海岸通り沿いには、晩寄さんが販売している干しダコを加工する様子も見られる

てくさんぽ

尾道古寺めぐり

おのみちこじめぐり

平安時代から港町として栄えてきた尾道。海に面する山のふもとには、坂を行き来する小路が縦横無尽に走る。かつて、航海安全を祈る豪商が競って寄進したという多くの寺が残り、坂とともに生きてきた尾道の暮らしと風情がいま見られる道だ。

スタート	尾道駅
↓270m 🚶 4分	
01	林芙美子像
↓200m 🚶 5分	
02	持光寺
↓240m 🚶 3分	
03	AIR CAFÉ
↓40m 🚶 1分	
04	光明寺
↓80m 🚶 1分	
05	Marton
↓200m 🚶 3分	
06	吉備津彦神社
↓100m 🚶 2分	
07	宝土寺
↓100m 🚶 2分	
08	千光寺新道
↓200m 🚶 4分	
09	昇福亭 千光寺道店
↓20m 🚶 1分	
10	天寧寺
800m 🚶 15分 / 160m 🚶 2分	
11	千光寺ロープウェイ
↓所要3分	
12	展望台
↓500m 🚶 8分	
13	文学のこみち
↓100m 🚶 2分	
14	千光寺
↓200m 🚶 3分	
15	猫の細道
↓400m 🚶 7分	
16	艮神社
↓700m 🚶 9分	
17	御袖天満宮

(!) HINT

歩行距離
4.4km

散策の目安
3時間30分

ボランティアガイドの団体も複数ある尾道。「観光パートナー尾道の会」では、毎週土曜の13:30から「DISCOVER WEST ハイキング～尾道を彩る古寺・文学散策コース」を開催。約2時間のコースで各寺を巡る。
ガイドの交通費1名2000円が必要。1週間前までに予約（尾道観光協会☎0848-36-5495）。

---

02 見学 20分

持光寺
じこうじ

浄土宗の寺で、ユニークな石造りの山門が特徴。梅雨時期にはアジサイが咲き誇り、多くの人々が集う。粘土を握って仏像を作る「にぎり仏」体験1500円は、願いを込めて握り、顔をつけると住職が入魂し窯で焼いてから自宅へ送ってくれる。

☎ 0848-23-2411
📍 広島県尾道市西土堂9-2
🕐 9:00～16:30 💰 300円

尾道①
1:5,100
0　　　　100m
周辺広域地図 P.44-45
🎵 徒歩2分

レトロな映画館はこだわりの上映作品が！

START

尾道駅

観光案内所 P.43

尾道ラーメン 味麺

Cシネマ尾道

尾道さくらホテル
（しまなみ海道・今治）

港湾緑地

公園内の海沿いにはボードウォークあり

P.52
向島運航 所要5分、100円

---

01 見学 5分

林芙美子像
はやしふみこぞう

幼少時代を尾道で過ごし、当地にゆかりの深い作家をモチーフにした像。

---

03 季節のジュース 400円

AIR CAFÉ
エアカフェ

かつて、地域の集会所だった光明寺會舘を利用したカフェとギャラリー。旬の果物から手づくりしたシロップで、季節のジュース400円。特製バーガーなどの軽食も味わえる。

☎ 0848-51-5717 📍 広島県尾道市東土堂町2-1 🕐 11:00～18:00 休 火～木曜 ＊12席

光明寺
こうみょうじ

　平安初期、慈覚大師円仁による創建と伝えられる古寺。室町時代には村上水軍の信仰を集めたことで知られる。宝物殿に木造千手観音立像（浪分観音）などを収める。拝観（400円）は、事前申し込みが必要。

☎ 0848-22-7269
🏠 広島県尾道市東土堂町2-8
＊境内自由

Marton
マートン

　店主や全国の作家による、手づくりのテディベアや雑貨を販売する店。民家をリノベーションした店舗は周りの風景に溶け込み、ほっと落ち着く雰囲気。店オリジナルのテディベア1万5000円。HPから通信販売も行っている。

☎ 090-7857-4561
🏠 広島県尾道市東土堂町7-5
🕐 13:00～17:00（11～2月は日没で閉店）
🈂 不定休

てくさんぽ／尾道古寺めぐり

吉備津彦神社
きびつひこじんじゃ

祭り」ゆかりの神社。

　宝土寺の境内にある神社。毎年秋に行われる、三人の鬼の面をつけた氏子が子どもたちを追い回し、手にした「ささら」や「祝棒」で頭を叩いたり突き、子宝や無病息災を祈願する、奇祭「ベッチャー

☎ 0848-22-5545
🏠 広島県尾道市東土堂9-16
／＊境内自由

宝土寺
ほうどじ

でを一望。散策途中の絶好の休憩スポット。

　融海意観が貞和年間（1345～1349年）に開いたと伝えられる寺。融海の墓といわれる五輪塔が見ものだ。海に向かって開けた広い境内は眺めがよく、尾道の街から尾道水道を挟んで、向島ま

☎ 0848-22-4085／
🏠 広島県尾道市東土堂町10-3／＊境内自由

08 散策　5分

千光寺新道
せんこうじしんどう

急な石段の途中に高い石垣や板塀の家、広い鍵辻など、変化に富む道。後ろを見下ろせば、坂道の先に尾道水道越しにクレーンがのぞく。

09 お抹茶セット　800円

帆雨亭
はんうてい

尾道水道が見渡せるカフェ。旧家の跡にあり、春はサクラ、晩秋にはモミジが彩りを添える。おすすめは抹茶アイスを添えたお抹茶セット。

♪0848-23-2105／♀尾道市東土堂町11-30／⏰10:00〜17:00／休不定休／＊22席

10 見学　20分

天寧寺
てんねいじ

1367（貞治6）年、普明国師により開山。立派な三重塔は、足利義詮が寄進した国重文の「海雲塔」。本堂左手の羅漢堂に、五百羅漢の群像が並ぶ。春は枝垂れ桜やボタンの名所として賑わう。

♪0848-22-2078／尾道市東土堂町17-29／⏰9:00〜16:30（本堂）＊境内自由

11 乗車　3分

千光寺山ロープウェイ

歩き疲れた人は、ここからロープウェイでショートカットもあり。わずか3分の空中散歩だが、尾道市街から尾道水道、向島までの絶景が堪能できる。春は桜が素敵。

♪0848-22-4900／♀尾道市／⏰9:00〜17:15（15分おきに運行）／休無休／￥片道320円、往復500円／乗車券は各種割引など特典付き

12 見学　30分

展望台

千光寺山ロープウェイ（片道320円、往復500円）で山頂へ。尾道の町並みと、尾道水道を挟んだ向島のパノラマを望め、天気のいい日には四国山地も見られる。春には千光寺山を覆いつくすサクラの景色を眼下に眺めることができる。

▲136.9
千光寺山（八畳岩）

♪徒歩2分

尾道②
1:5,100
0　　　100m

周辺広域地図 P.44-45

タイムスリップして、幼い自分と両親を見る和子

・トイレ
出会いの広場

正岡子規

巌谷小波
金田一京助

文学のこみち**13**
山口誓子

・展望台**12**
徳富蘇峰

・トイレ

ロープウェイ
山頂駅

十返舎一九
緒方洪庵
志賀直哉

柳原白蓮
鍵岩

千光寺**14**

ロッカーがある

頼山陽

林芙美子

河東碧梧桐

千手稲荷神社

松尾芭蕉

千光寺山ロープウェイ**11**

ロケに登る少女

吉井勇

観音堂

cafe.
SAKA Bar

16艮神社

猫の細道**15**

毘沙門堂

・トイレ
中村憲吉

天寧寺坂

（つづみ岩）
小杉放庵

中村憲吉旧居

自転車に配したした石

・尾道幼稚園

中村憲吉旧居

天寧寺三重塔

・トイレ

Marton P.47

5分

10天寧寺

（閉館）志賀直哉旧居

09帆雨亭
P.50

東土堂町

都わすれ

急斜面に延びる石段

2分

08

卍信行寺

千光寺新道

P.47 宝土寺卍

卍

P.47から

吉備津彦神社
P.47

〒尾道局

渡場

P.53 天狗寿司

土堂中商店街

渡場通り

本町センター街

P.55 尾道 帆布鞄 彩工房

渡し場通り

尾道

広島

土堂

土堂小学校

からさわ P.53

R

浮御堂小路

渡場通り
しまなみ信金

海岸通り

親水歩道漁船の船だまりの脇を行く

尾道渡船フェリー乗場

　※志賀直哉旧居はリニューアルのため当面外観のみ見学になる

文学のこみち

ロープウェイ山頂駅から千光寺へ続く散策路。尾道ゆかりの作家・詩人たちが詠んだ詩や句が自然石に刻まれている。正岡子規（写真）、林芙美子、十返舎一九などの25の碑があり、彼らが愛した尾道の風景が鮮やかに描写されている。

千光寺
せんこうじ

千光寺山の中腹に位置している、806（大同元）年開基の真言宗の名刹。崖に突き出して建つ朱塗りの本堂は「赤堂」と呼ばれ、尾道のシンボル。境内にはさまざまな形の巨石があり、岩の頂きに光る玉「玉の岩」は、あたり一帯を照らしていたという伝説が残る。

♪ 0848-23-2310／
📍 尾道市東土堂町15-1
／🕘 9:00〜17:00

猫の細道
ねこ　　ほそみち

天寧寺三重塔から艮神社を経由し、ロープウェイ山麓駅に至る道。ミニ美術館や個性的なカフェが並ぶ。猫道が複数あり多くのネコたちが棲みついている。石をかわいくペイントした猫石もそこかしこに。

艮 神社
うしとらじんじゃ

尾道旧市街では最古といわれる神社。境内に生えている樹齢900年とも伝えられる立派なクスノキがシンボル。映画「時をかける少女」のロケ地としても知られる。

御袖天満宮
みそでてんまんぐう

菅原道真を祀る神社。急で長い石段があり、境内からは街が一望できる。石段は大林宣彦監督の映画「転校生」で、主人公の男女が入れ替わるシーンのロケ地にもなった。

♪ 0848-37-1889／
📍 尾道市長江1-11-16
／＊境内自由

GOAL

御袖天満宮⑰
卍大山寺
P.57 ロケ地「転校生」
この石段で男女が入れ替わった
長江（一）
卍善勝寺
天神町歴史史料展示通り
B
立派な山門
卍妙宣寺
7分
卍慈観寺
卍福善寺
卍正授院　長江口
5分
P.50 茶房こもん
トイレ
山麓駅　長江口
ロープウェイ
長江口
大型バス駐車場
トイレ
金座街
ほっと蔵
久保
久保（一）
R S 尾道ええもんや P.54
西山本館
浜の小路
十四日元町
D
R やまねこカフェ P.51
中浜通り
尾道ロイヤルホテル
商工会議所前
雁木
住吉神社　市営久保駐車場　尾道市役所
尾道商工会議所
トイレ　市役所前
中央桟橋

散策中にスイーツでひと休み

尾道の癒しのカフェ

山々が海に迫っている尾道は坂道や石段が多い町。お寺めぐりの途中にひと息いれたいお休み処など、ひと休みにぴったりの個性豊かなカフェも散策の楽しみだ。

茶房こもん
さぼうこもん

地図p.49-B

映画「転校生」にも登場した、地元でも人気のカフェ。表面がカリッと焼きあがった定番のバターワッフルは、バターと自家製ジャムを添えたもの。おみやげ用は、ちょっと小ぶりで1個180円～。

■ブルーベリーアイスクリームワッフル650円 ②季節の花々が出迎えるしゃれたエントランス

おすすめのもう1品

手搾りライムスカッシュ700円（夏のみ）。果汁たっぷりのさわやかな酸味が魅力

📞 0848-37-2905
📍 広島県尾道市長江1-2-2
🕐 11:00～18:30LO
🈺 火曜（3・8月は無休）
＊55席 🅿10台
尾道駅から🚶15分

おすすめのもう1品

コーヒーと紅茶から選べる手作りケーキセット950円。写真はブルーベリーチーズケーキ

帆雨亭
はんうてい

地図p.48-C

旧出雲屋敷跡地にあり、春はサクラ、秋はモミジが楽しめる野点の喫茶店。敷地内に幕末～明治初期に建てられた茶室や、志賀直哉の初版本を集めた「尾道文庫」を併設。猫グッズなどのおみやげも揃う。

■抹茶アイスを添えた黒糖寒天とお抹茶セット800円 ②風情のある門をくぐると庭の桜の木が見える

📞 0848-23-2105
📍 広島県尾道市東土堂町11-30
🕐 10:00～17:00
🈺 不定休 ＊22席 🅿なし
尾道駅から🚶10分

1

2

1 尾道プリン385円はレモンシロップをかけるとさわやかな味わい 2 マグカップ1100円などオリジナルグッズも販売

おすすめのもう1品

バナナとくるみとココナッツのヴィーガンケーキ540円は、ヘルシーなスイーツ

やまねこカフェ

地図p.49-D

尾道海岸通りにある、ネコの看板が目印のカフェ。店内の壁には毎月違ったアーティストの作品が展示され、ネコにちなんだ置き物に囲まれながらのんびりとくつろげる。おすすめのやまねこラテ495円にはかわいらしいねこのラテアートが。地元の食材を使った名物のやまねこランチ1100円が人気で、ご飯は玄米と白米から選択が可能。

📞 0848-21-5355
📍 広島県尾道市土堂2-9-33
🕐 11:00～22:00
🈺 月曜(祝日の場合は火曜)
＊25席 🅿 なし
尾道駅から 🚶10分

Latte heart cafe

ラテハートカフェ

地図p.44-A

ラテアートとスイーツが楽しめるカフェ。店内に置かれた数々の雑貨にも、店主のこだわりが表れている。自慢のラテアートエスプレッソ780円～は、プラス100円で絵のリクエストも可能で、カウンター席では店主が目の前で描いてくれる。ランチセットは日替わりで、スープ・ドリンク付きで1100円。プラス150円でドリンクをラテアートに変更できる。

📞 0848-23-5599
📍 広島県尾道市栗原西1-3-2
🕐 9:00～18:00(ランチは平日のみで11:30～売切れ次第終了)
🈺 月曜 ＊20席 🅿 なし
尾道駅から 🚶15分

1

2

1 ラテアートはネコ、クマ、ウサギなど動物の絵が得意とか 2 ゆっくりとくつろげる温かな雰囲気が漂う店内

おすすめのもう1品

昔ながらのしっかり固めに焼かれたカスタードプリン550円

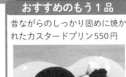

その他の見どころ

おのみち映画資料館
おのみちえいがしりょうかん

地図 p.45-G
JR尾道駅から🚌おのみちバス3分、♀長江口下車🚶
3分

　小津安二郎監督の代表作で、尾道でもロケが行われた『東京物語』などの写真パネルや資料、日活の古き良き時代のポスター、昔の映写機などの展示が見られる。小津映画のダイジェストが公開されているミニシアターなどもある。ロケ地めぐり前に訪れれば、より一層散策が楽しくなる。

📞 0848-37-8141　📍尾道市久保1-14-10
🕐 10:00〜18:00　🈺火曜（祝日の場合は翌日）、年末年始　💴520円　🅿なし

尾道水道の渡船
おのみちすいどうのとせん

地図 p.44-E・F
【向島運航】JR尾道駅から🚶2分
【福本渡船】JR尾道駅から🚶5分
【尾道渡船】JR尾道駅から🚶10分

　尾道と向島を隔てる海は尾道水道と呼ばれ、この水道には渡船航路が3本ある。向島運航は別名・駅前渡船と呼ばれ、尾道駅前の港から発着している。福本渡船は尾道駅から東に300mほど、尾道渡船は同駅から東に500mほど歩いた場所に乗り場がある。

古くから市民や観光客の足として活躍し、尾道の風景としてなじんでいる。のんびりした雰囲気が堪能できる片道5分弱の手軽なクルージングだ。

向島運航 📞0848-22-7154
🕐6:00（向島発）〜22:10（尾道発）
尾道渡船 📞0848-44-0515
🕐6:00（向島発）〜22:30（尾道発）
福本渡船 📞0848-44-2711
🕐6:00（向島発）〜22:10（尾道発）
💴100円（福本渡船は60円）　🅿なし

西國寺
さいこくじ

地図 p.45-C
千光寺山ロープウェイ山麓駅から🚶15分

　天平年中、名僧行基が開いたとされる真言宗の寺。山門にかかる2mを超える巨大な薬草履が出迎えてくれる。

📞 0848-37-0321／📍尾道市西久保町29-27／🕐8:00〜17:00／🈺無休（行事の時は休）／💴持佛堂内拝（9:00〜16:30）は500円／🅿10台

浄土寺
じょうどじ

地図 p.45-H／JR尾道駅から🚌おのみちバス10分、♀浄土寺下下車🚶3分

　飛鳥時代に聖徳太子が創設したと伝わる、足利尊氏ゆかりの真言宗の寺。本堂・庭園拝観は600円。宝物館入館は400円。

📞 0848-37-2361／📍尾道市東久保町20-28／🕐9:00〜最終入場16:30／🈺無休／💴参拝無料／🅿10台

食べる & 買う

欧風料理

レストラン尾道
レスポワール・ドゥ・カフェ

地図p.145-D
JR尾道駅から🚶10分

昭和初期の倉庫を改装した建物がすてきなレストラン。駅から海岸沿いを三原方面へ歩いた右側にある。人気のボンジュールセットは前菜、スープ、メインディッシュ、サラダ、パンまたはライス付で1848円〜。

☎ 0848-24-1154
📍 尾道市西御所町14-5
🕐 11:00〜14:30、17:30〜21:00
休 火曜・年末年始
＊120席　Ｐ 23台

尾道ラーメン

尾道ラーメン 喰海
おのみちらーめん くうかい

地図p.47-B
JR尾道駅から🚶5分

瀬戸内の小魚から煮出した魚介系の出汁に、とんこつなどを加えたさっぱり目の醤油味スープが尾道ラーメンの基本。麺は広島県産の小麦を使用。尾道ラーメン680円。1日100皿限定の喰海手作り餃子400円も人気。

☎ 0848-24-8133
📍 尾道市土堂1-12-11
🕐 10:00〜21:00（20:30LO）
休 水曜（祝日の場合は前日）
Ｐ なし

寿司

天狗寿司
てんぐずし

地図p.48-C
JR尾道駅から🚶8分

明治初期の創業で、箱寿司と巻き寿司が有名。箱寿司は香ばしく焼き上げた瀬戸内海の新鮮なアナゴと小エビのおぼろのる。巻き寿司はアナゴなど7種入り。箱寿司1240円、巻き寿司1280円。

☎ 0848-22-4608
📍 尾道市土堂1-4-14
🕐 11:00〜14:00、15:00〜19:00
休 木曜　＊27席　Ｐ なし

アイスクリーム

からさわ

地図p.48-C
JR尾道駅から🚶10分

手づくりアイスクリームの店で、1939（昭和14）年に創

業と、歴史は古い。アイスをモナカで挟んだアイスモナカ150円が定番の品。昔と比べると、甘さをひかえているとか。クリームぜんざい350円も人気がある。

☎ 0848-23-6804
📍 尾道市土堂1-15-19
🕐 10:00〜19:00
　（10〜3月は18:00まで）
休 火曜（祝日の場合は翌日。
　10〜3月は火・第2水曜）
＊16席　Ｐ あり

カフェ

ゆーゆー

地図p.47-C
JR尾道駅から🚶7分

「大和湯」の看板と「ゆ」の暖簾が目を引くカフェ。元仙洞をリノベーション、レトロ感あふれるカフェ。時間をかけてドリップするコーヒー650円、尾道名産のイチジクを使ったいちじくヨーグルト700円など。天然アナゴが味わえる瓢定1800円も人気。

☎ 0848-25-5505
📍 尾道市土堂1-3-20
🕐 10:00〜18:00ごろ
休 木曜（祝日の場合は営業）
Ｐ なし

尾道みやげ

尾道ええもんや
おのみちええもんや

地図p.49-D
JR尾道駅から🚶15分

尾道観光土産品協会が運営する、尾道みやげと食事の店。明治時代の商家の建物を使っている。食事はアナゴやおこぜなど、尾道の旬の素材を中心に使用。尾道散策弁当1650円（要予約）などが味わえる。おみやげも約500種類と豊富に揃う。

☎ 0848-20-8081
📍 尾道市十四日元町4-2
🕐 10:00〜18:00
休 不定休　＊45席　Ｐなし

せいろ寿司

宮徳
みやとく

地図p.45-G
JR尾道駅から🚶20分

1832（天保3）年の創業で180年余の伝統をもつ、せいろ寿司で知られた店。檜を素材に、漆を塗り重ねた11cm四方のせいろは100年以上前から使っている年代物。焼きアナゴを刻み込んだすし飯にシイタケ、焼き卵、そぼろをのせて蒸し上げ、あっさりした味に仕上げている。せいろ寿司1925円。

☎ 0848-37-3652
📍 尾道市久保2-23-16
🕐 11:00〜21:30
休 水曜　＊60席　Ｐ7台

魚料理

保広
やすひろ

地図p.47-B
JR尾道駅から🚶5分

家族で営む寿司と魚料理の店。瀬戸内海の地魚を使った料理が評判で、昼は定食を中心に、夜は寿司や一品料理とともに地酒も楽しめる。エビのおぼろとアナゴがのった箱ずし1800円は、メニューの中でも特に人気が高い。生だこの刺身1600円〜。

☎ 0848-22-5639
📍 尾道市土堂1-10-12
🕐 11:30〜14:00、17:00〜21:00
休 月曜（祝日の場合は翌日）
＊25席　Ｐ4台

ほうろく焼き

うろこ・かき船
うろこ・かきふね

地図p.45-H
📍 久保三丁目からすぐ

尾道水道と対岸の向島を眺める、絶好の立地にある魚料理の店。名物のほうろく焼き2430円は、小石を敷いた土鍋で旬の魚介類を蒸し焼きにした風味豊かな料理。村上水軍の宴会料理だったともいわれている。10〜3月にはカキやフグ料理も。

☎ 0848-37-3633
📍 尾道市久保2-26-10
🕐 11:30〜14:30、17:00〜21:30（日曜・祝日は11:30〜15:00、17:00〜21:00）、LOは各1時間30分前
休 不定休　＊100席　Ｐ8台

かまぼこ

桂馬蒲鉾商店
けいまかまぼこしょうてん

地図p.47-B
JR尾道駅から🚶5分

1913（大正2）年創業の老舗蒲鉾店。瀬戸内で獲れたグチ、ハモ、エソ、イカなどの生魚を素材に、化学調味料・保存料を使わず魚の旨味を引き出す伝統の製法を守っている。なかでも尾道名産の干し柿の形をした「柿天」248円はこの店の名物。おすすめの味を詰め合わせた「ふらっと尾道」1706円。

☎ 0848-25-2490
📍 尾道市土堂1-9-3
🕐 9:00〜18:00
休 木曜　Ｐ17台

オコゼ料理

青柳
あおやぎ

地図 p.45-C
JR尾道駅から🚶20分

1916（大正5）年の創業以来、オコゼが看板料理で知られる老舗。瀬戸内海の燧灘近辺で獲れるオコゼを使った唐揚げは、身がふんわりとして上品な味わい。秘伝のたれをかけていただく、オコゼの唐揚げ定食2300円。高級感あふれるお座敷席も用意。

🎵 0848-51-6600
📍 尾道市土堂2-8-15
🕐 11:30～14:00（13:45LO）、17:00～21:00（20:30LO）、日曜・祝日は昼のみの営業
休 水曜 Ｐ なし

海産物

せと珍味
せとちんみ

地図 p.47-C
JR尾道駅から🚶8分

店頭には、瀬戸内名産の干しダコが潮風に揺れている。店内にはでべら、サヨリの素干し、チリメン、干しエビ、煮干しイリコなど、瀬戸内海の幸が約200種並ぶ。シソチリメン400円、サヨリのみりん干し648円、太刀魚のみりん干し540円。尾道名物でべらの袋詰めは540円～、煮干しいりこ500円～などがある

🎵 0848-22-8202
📍 尾道市土堂1-13-6
🕐 9:00～18:00
休 不定 Ｐ なし

プリン

おやつとやまねこ

地図 p.46-A
JR尾道駅から🚶1分

尾道の新鮮な卵と広島県産の牛乳で作ったプリンは、濃厚で滑らかな口当たりが評判。レモンソースをかけていただく尾道プリン（写真右）378円。季節のソースの尾道プリン（左）400円。季節限定のプリンも含め、年間で10種類ほどが登場する。

🎵 0848-23-5082
📍 尾道市東御所町3-1
🕐 10:00～19:00（売り切れ次第閉店）
休 月曜（祝日の場合は翌日）
Ｐ なし

尾道帆布

尾道 帆布鞄 彩工房
おのみち はんぷかばん さいこうぼう

地図 p.48-C
JR尾道駅から🚶10分

港町として古くから栄えた尾道の特産品、帆布を使ったバッグや小物を販売。帆布は国産。帆布の風合いを活かした商品のほかに、布を柿渋やべんがらなどで染めたオリジナル商品も販売。

🎵 0848-24-1744
📍 尾道市土堂1-6-9
🕐 9:30～18:25
休 不定休 Ｐ 2台

黒板アート

プリミティブ・モアレ

地図 p.47-C
JR尾道駅から🚶7分

ふれると消えてしまうチョークで描かれた黒板画が並ぶ作家のアトリエ。黒板の作品は5800円から購入できる。玄関先では約3カ月かけて完成させる大黒板も見られる。黒板をプリントしたストラップは598円。

🎵 0848-25-2258
📍 尾道市土堂1-3-24
🕐 11:30ごろ～18:00ごろ
休 木曜、ほか不定休 Ｐ なし

尾道

55

浮城の城下町で古寺社とうまいものを巡る　地図p.145-D

三原 レトロな町歩き

瀬戸内海に面した三原は城下町に古寺社、風情ある小路など、多彩な表情を見せる歴史の町。名物のタコに話題のスイーツと、ご当地の味覚も満載。

坂の街を歩き、タコとスイーツに舌鼓

　小早川氏の城下町・三原は、芸予諸島への船便も発着する港町。本町界隈の小寺や神社、西浜のレトロな昔町などの町歩きが注目されている。

　駅直結の**三原城跡**には、石垣と堀に囲まれた天主台が残る。かつては港方面まで広がっていた浮城で、市街には船入櫓や本丸中門跡などの城跡が各所に残る。

　城から本町にかけては、野畑山の山麓に寺社が点在。毛利元就の三男・小早川隆景の持念仏・千手観音をまつる**成就寺**。堂々たる瓦屋根の本堂の**妙成寺**。桃山彫刻が見事な四脚門の山門の宗光寺。高台の寺社からは、城と駅越しに瀬戸内海も眺められる。

　これらを結ぶ路地も、三原散歩の魅力。**大島神社**の石段の参道には、鳥居がいくつも建つ。宗光寺への下り坂沿いは、板塀と石垣風の塀に囲まれた小路。明真寺を入ると、格子戸の長屋から白壁と石垣に囲まれた**阿房坂**。西浜では焼き板塀に白壁の**なまこ小路**も見ものだ。

　散策後は瀬戸内の早潮にもまれた、名物タコ料理に舌鼓を。タココース3000円〜の蔵（☎0848-64-3200）、足が丸一本入るお好み焼きの**つぼみ**（☎0848-63-3635）、太い足のタコ天の**こだま**（☎0848-63-4275）など。スイーツは当地のやっさ踊りにちなんだヤッサ饅頭（**ヤッサ饅頭本舗**☎0848-64-8383）、チーズクリームにたこ足を入れたたこもみじ（**ゑびす家**☎0848-62-5121）ほか、砂糖粒入りクリームが独特の食感の**しゃりしゃりバター**（**オギロパン**☎0848-62-2383）などで。

アクセス
JR広島駅から新幹線こだまで22〜38分、三原駅下車。
問い合わせ先
三原駅内うきしろロビー／観光案内所
☎0848-67-5877 ※城下町みはら散策マップ、みはら寺社めぐりマップが手に入る。

1 駅構内も三原城の城郭内 **2** 雰囲気あるアップダウンの阿房坂 **3** つぼみの三原タコモダン焼き950円 **4** しゃりしゃりバター（140円）、ヤッサ饅頭（86円）、たこもみじ（100円）

竹原・鞆の浦・尾道が舞台
瀬戸内のロケ地を訪ねて

古い町並みが残り、瀬戸内海に面したエリアは、映画やドラマのロケ地として今も昔も人気。映像で見たあのシーンを撮影した場所へでかけよう。

鞆の浦 　　『流星ワゴン』(2015年)

こんなシーンに登場
主人公の一雄（西島秀俊）が幼少期に家出して「常夜燈」の中に隠れる。

📹 **ロケ地は…常夜燈**

1859（安政6）年に建造され、灯台の役割を果たした燈籠塔。海中の基礎石からの高さは約10mで、港の常夜燈としては日本一。

地図p.59
JR福山駅から🚌鞆鉄バス鞆港行きで32〜37分、終点下車🚶5分
福山市観光課 📞 084-920-1043
📍 福山市鞆町鞆843-1
＊見学自由 🅿なし

尾道 　『転校生』(1982年)

📹 **ロケ地は…御袖天満宮**
（詳細はp.49）

こんなシーンに登場
高校生の斉藤一夫（尾美としのり）と斉藤一美（小林聡美）が転げ落ちた石段。

竹原市 　『マッサン』(2014〜15年)

📹 **ロケ地は…竹鶴酒造**
（詳細はp.62）

こんなシーンに登場
主人公の「マッサン」こと亀山政春（玉山鉄二）の実家という設定でたびたび登場。

TEKU TEKU COLUMN

アニメ『たまゆら』でも竹原市が舞台に！
　女子高生の日常を描いたアニメ『たまゆら』。竹原町並み保存地区や竹原駅前の商店街、朝日山など、竹原市内の景色が実写のように忠実に再現されている。

市内の高校に通う女子高生が主人公

画像提供：2015佐藤順一・TYA／たまゆら〜卒業写真〜製作委員会

MAP

てくさんぽ

鞆の浦 地図p.142-J

とものうら

海運業で栄えた古き港町ならではの、町屋や史跡が多く残る。狭い小路が入り組んだ界隈には、当時の栄華を伝える白壁が続く。海岸沿いに続く遊歩道では、弁天島や仙酔島を眺めながらゆったりと散策ができる。

アクセス

起点の福山駅までは、広島から新幹線「のぞみ」「さくら」で23〜24分あるいは高速バスローズライナーで1時間46分、尾道から JR 山陽本線で18〜21分。福山駅からは🚌鞆鉄バスを利用。30〜34分の♀鞆の浦または32〜37分の♀鞆港下車。

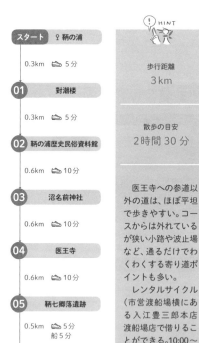

スタート	♀鞆の浦
0.3km 🚶5分	
01	對潮楼
0.3km 🚶5分	
02	鞆の浦歴史民俗資料館
0.6km 🚶10分	
03	沼名前神社
0.6km 🚶10分	
04	医王寺
0.6km 🚶10分	
05	鞆七郷落遺跡
0.5km 🚶5分 船5分	
06	仙酔島

！HINT

歩行距離
3km

散歩の目安
2時間30分

医王寺への参道以外の道は、ほぼ平坦で歩きやすい。コースからは外れているが狭い小路や波止場など、通るだけでわくわくする寄り道ポイントも多い。
レンタルサイクル（市営渡船場横にある入江豊三郎本店渡船場店で借りることができる。10:00〜16:30、最終15:30、1回500円、福山観光コンベンション協会☎084-926-2649）を使うのも便利。

---

01 見学 20分 ◎

對潮楼
たいちょうろう

鞆の浦随一の景勝地として古くから愛されてきた福禅寺の境内に、江戸時代、朝鮮通信使をもてなすために創建された迎賓館。座敷からは瀬戸内海に浮かぶ弁天島や仙酔島などの島々を一望でき、その絶景は1711（正徳元）年、正使・趙泰億から「日東第一形勝」と賞賛されている。

♀鞆の浦から🚶5分／福禅寺☎084-982-2705／♀福山市鞆町鞆2／🕐8:00〜17:00／休無休／¥200円／Pなし

---

02 見学 20分 ◎

鞆の浦歴史民俗資料館
とも うら れきし みんぞく しりょうかん

城跡の高台に建つ資料館で、潮待ちの港として栄えた鞆の歴史、産業やお祭りを紹介している。古い漁船や鯛網漁のジオラマ、からくり劇場などの展示が見られる。

♀鞆の浦から🚶5分／☎084-982-1121／♀福山市鞆町後地536-1／🕐9:00〜17:00（入館は16:30まで）／休月曜、年末年始／¥150円／Pなし

TEKU TEKU COLUMN

初夏を彩る海上絵巻・鞆の浦観光鯛網

大漁旗を掲げ「イエーホー、イエーホー」と声高らかに出航する鯛網船は、初夏の風物詩。産卵のため故郷の海に戻った真鯛を待ち構えて獲る、約380年の伝統を誇る鯛縛り網漁を、遊覧船から見て楽しめる。旬の鯛料理は近隣の食事処でも味わえる。

♀鞆港から🚶15分
福山観光コンベンション協会 ☎084-926-2649
♀福山市鞆町仙酔島田の浦（仮設桟橋より出港）
🕐5月1〜31日、月〜土曜は13:30〜（1回）、日曜・祝日は10:30〜、13:30〜（午前・午後、各1回）
休期間中は無休
¥観覧2800円（鞆〜仙酔島間の市営渡船料込）
P臨時駐車場20台（日曜・祝日のみ）

沼名前神社
ぬ な くまえじんじゃ

　西方の山麓に鎮座する神社で、地元住民から「鞆の祇園さん」の名で親しまれている。国内で唯一現存する組み立て式の能舞台があり、国の重要文化財に指定。例年7月に開催される市の無形文化財「お手火まつり」には、石段を練り上がる勇壮な

炎を一目見ようと、多くの観光客が集う。

📍鞆の浦から🚶10分／
♪ 084-982-2050／
福山市鞆町後地1225／
＊境内自由／🅿 なし

医王寺
い おう じ

　弘法大師空海の開基とされる鞆の浦で二番目に古い寺。1826(文政9)年、シーボルトがツツジや松の観察のためにここを訪れたと記録される。時間に余裕があるなら、長い階段を登りきった場所にある太子堂へ。583段の先に、鞆湾のダイナミッ

クな景色が待っている。

📍鞆港から🚶15分／
084-982-3076／福山市鞆町後地1397／＊境内自由／🅿 なし

周辺広域地図 P.142-143

鞆の浦
1:12,000
0　　　　　200m

鞆七卿落遺跡
とも しちきょうおち い せき

　江戸時代に旧保命酒屋の中村家が拡張した建物群を、明治時代に太田家が継承。太田家住宅は、幕末に尊皇攘夷派の公家・三条実美ら7人の公卿が都を追われ長州に下る途中、立ち寄った場所。
さんじょうさねとみ

📍鞆の浦から🚶5分／太田家住宅 ♪ 084-982-3553／福山市鞆町鞆842(太田家住宅ほか)／＊外観は見学自由／🅿 なし

仙酔島
せんすいじま

　外周5〜6キロの小さな島。五色岩のある海岸線の遊歩道、「日本の夕陽100選」に選ばれた絶景スポット仙人ヶ丘展望台で大自然のパワーを充電できる。また、国民宿舎「仙酔島」では、入浴や昼食も。

渡船場へは📍鞆港から🚶1分。仙酔島へは渡船場から船で5分(7:10よりほぼ20分間隔で運航。最終便は21:30。往復240円)／国民宿舎「仙酔島」084-970-5050／鞆の浦より渡船で5分

龍馬の足跡をたどる

幕末の英雄であり、脱藩浪士達と海援隊を組織していた坂本龍馬。大洲藩からチャーターした蒸気船「いろは丸」で瀬戸内海を航海中、紀州藩船と衝突。賠償交渉のためしばらく滞在した鞆の浦には、龍馬ゆかりの場所が点在している。

幕末の志士の視点で港町を歩く

　1867（慶応3）年4月23日、坂本龍馬たちを乗せた「いろは丸」が、長崎から大坂へと向かっている途中、紀州藩の船に衝突されるという事件が起こった。船には鉄砲や弾薬、金塊などの積荷があったが、船は自力での航行が不能になるほど大破してしまい、積荷もろとも宇治島沖で沈没した。

　この「いろは丸」から引き揚げられた品々や、船の模型、沈没状況のジオラマなど、いろは丸事件を総合的に解説・展示しているのが**いろは丸展示館**だ。建物は江戸時代の蔵を改装して利用している。

　いろは丸事件の際、龍馬と海援隊のメンバーが宿泊したとされているのが**桝屋清右衛門宅**。当時、幕府から命を狙われていた龍馬は、階段のない屋根裏の隠し部屋に寝泊まりしていたと伝えられている。幕末の雰囲気そのままに現存している隠し部屋は、金〜月曜、祝日限定で一般公開されている。また、入口土間には瀬戸内海みやげのセレクトショップも併設している。

　龍馬たちと紀州藩との賠償交渉が初めて行われたのが**旧魚屋萬蔵宅**。紀州藩側が宿泊していた円福寺と、桝屋清右衛門宅との中間にあることから、談判の地に選ばれたとされている。現在は、昔ながらの建物を活かした旅館「御舟宿いろは」として営業。宿泊のほか、ランチも楽しめる。

　また、鞆の浦と仙酔島を結ぶ「いろは丸」を模した定期船**平成いろは丸**も、1時間に2〜3本運航されている。

アクセス
●**いろは丸展示館**
JR福山駅から🚌鞆鉄バス鞆港行きで40分🚏鞆港下車🚢1分
●**旧魚屋萬蔵宅（御舟宿いろは）**
🚏鞆港から🚢5分
●**桝屋清右衛門宅**　🚏鞆港から🚢5分
●**平成いろは丸**　🚏鞆港から🚢3分

1 渡船の航路を行く平成いろは丸　**2** 歴史ある旧魚屋萬蔵宅　**3** 龍馬が寝泊まりした桝屋清右衛門宅　**4** いろは丸展示館の内観

●**いろは丸展示館**
📞084-982-1681　📍福山市鞆町鞆843-1
🕐10:00〜17:00　💤無休　💴200円
●**御舟宿いろは**
📞084-982-1920　📍福山市鞆町鞆670
💴1泊2食付き3万1350円〜
●**桝屋清右衛門宅**
📞084-982-3788　📍福山市鞆町鞆422
🕐9:00〜16:30　💤火・水・木曜（臨時休業あり）
💴200円
●**平成いろは丸**
📞084-982-2115　📍福山市鞆町鞆623-5
🕐7:10〜21:30（約20分ごとに出航）
💤無休　💴240円

食べる＆買う

鯛めし
千とせ
ちとせ

地図p.59
🚶 鞆の浦から🚶 3分

眼前に海を臨む和食店。底引き網漁や一本釣りなど、昔ながらの漁法で備後灘の魚をとる漁師から直接仕入れる。お造り、煮付け、天ぷらなどが付くせとうち会席1848円。鯛のお造り・煮付け・天ぷらに鯛めしが付く鯛づくし会席2310円も人気メニュー。

📞 084-982-3165
📍 福山市鞆町鞆552-7
🕐 11:30～14:30、17:00～20:00
😴 火曜　＊30席　🅿 3台

季節料理
衣笠
きぬがさ

地図p.59
🚶 鞆の浦から🚶 3分

原漁港の目の前にある和食店で、鞆の浦の鯛料理が評判。鯛づくし膳3300円は、鯛の造り、鯛のかぶと煮、鯛ちり蒸し、鯛めしなど、計7品が付く。鯛茶漬け1100円や鯛めし膳2200円など、手ごろなメニューもある。平日限定のランチ1620円～も人気。

📞 084-983-5330
📍 福山市鞆町鞆150-12
🕐 11:30～14:00（日曜・祝日は12:00～14:30）、18:00～21:00
😴 水曜　＊35席　🅿 8台

お茶・甘味
お茶処 仙酔庵
おちゃどころ せんすいあん

地図p.59
🚶 鞆の浦から🚶 10分

江戸後期の豪商・大坂屋の楼閣・対仙酔楼に隣接する甘味処。ヘルシーデザートが揃う。名物お肌ぴちぴちなりたい焼150円は、豆乳とおからを使用。めでたいソフト484円も人気。

📞 084-982-2565
📍 福山市鞆町鞆554-4
🕐 11:00～17:00
　（日曜・祝日10:00～）
😴 無休
＊28席　🅿 なし

練り製品・干物
鞆の浦 鯛匠の郷
とものうら たいしょうのさと

地図p.59
🚶 鞆の浦から🚶 15分

風光明媚な鞆港を見下ろす高台にある、ちくわなど練り製品の製造直売所。自分で握った焼きたてのちくわが食べられる手握りちくわ体験（1本310円）が人気。売店では鯛ちくわなどの練り製品、珍味や干物などを販売している。

📞 084-982-3333
📍 福山市鞆町後地1567-1
🕐 10:00～18:00（冬期時短あり）ちくわ体験は土・日曜、祝日～16:00（最終受付15:30）
😴 火曜
🅿 20台

保命酒
入江豊三郎本店
いりえとよさぶろうほんてん

地図p.59
🚶 鞆の浦から🚶 5分

江戸時代から鞆の浦に伝わる保命酒の醸造所。良質なもち米を主原料に甘草・丁子・枸杞子など、16種類もの薬味エキスを配合した薬味酒は、独特の香りがある。店内では試飲もでき、300ml 810円～。保命酒のど飴240円も人気。

📞 084-982-2013
📍 福山市鞆町鞆534
🕐 9:00～16:00（店舗奥の蔵は12:00～13:10休憩）
😴 月・火曜　🅿 5台

てくさんぽ

竹原 地図p.75-C

たけはら

江戸期以降、製塩業が発達して「安芸の小京都」と呼ばれたように豪商が屋敷を構えた。町人文化も栄え、頼山陽をはじめとする文人や学者も輩出した。重要伝統的建造物群保存地区に指定された本町通りには、「マッサン」の竹鶴酒造も。

スタート	竹原駅
↓850m 🚶10分	
01	竹鶴酒造
↓80m 🚶1分	
02	旧松阪家住宅
↓80m 🚶1分	
03	吉井邸
↓50m 🚶1分	
04	西方寺・普明閣
↓150m 🚶2分	
05	竹原市歴史民俗資料館
↓70m 🚶1分	
06	頼惟清旧宅
↓30m 🚶1分	
ゴール	照蓮寺

HINT

歩行距離
1.3km

散策の目安
2時間

駅から伝建地区入口の「道の駅たけはら」までは市街を10分ほど。竹鶴酒造の前あたりが、町並みの撮影ポイント。帰りは酒蔵交流館のある中ノ小路から楠通りの路地も趣がある。

TEKU TEKU COLUMN

幻の郷土料理「魚飯」を味わう

製塩業が盛んだった竹原。塩田持ちの浜旦那衆が客人にもてなした豪壮な料理が「魚飯」。タイやカレイの白身をほぐし、錦糸卵や三つ葉、椎茸など色とりどりの具とご飯の上に乗せ、だし汁をかけて食べる。現在でも予約すれば、市内の磯っこ（🕿0846-22-0341）や味いろいろ ますや（🕿0846-22-8623）などで味わえる。

---

01 見学 10分

竹鶴酒造

朝の連続テレビ小説「マッサン」の主人公、ニッカウヰスキーの創設者・竹鶴政孝氏の生家で、小笹屋という屋号を持つ。入母屋妻入りの建物や格子窓が見事。見学は外観のみ。

🕿0846-22-2021
＊外観見学自由

02 見学 20分

旧松阪家住宅

塩田の持ち主「浜旦那」の家で、唐破風屋根に菱格子の塗りごめ窓など、重厚な造り。当時の生活用具も展示。

🕿0846-22-5474／🕐
10:00～16:00／🈁水曜
（祝日は開館）、年末年始
／💴300円

03 見学 5分

吉井邸

製塩や酒造、廻船業を手掛けた豪商の屋敷で、二代目以降は代々町年寄も務めていた。広島藩の本陣にも使われた母屋は1690（元禄3）年の建築。重厚で、かつ華やかな造りは竹原最古の建物とされる。

04 見学 15分

西方寺・普明閣

さいほうじ　ふめいかく

高台に建つ西方寺は浄土宗の建築様式をとどめた寺。境内前面には立派な石垣が見られる。さらに上がったところ、京都の清水寺を模した普明閣からは、竹原の町並みを見下ろせる。

05 見学 30分

竹原市歴史民俗資料館

伝建地区にあり、白い洋館が目を引く建物は、かつて図書館として使われていたもの。館内の展示では、特に製塩業の資料が充実している。

🕿0846-22-5186／🕐
10:00～16:00／🈁火曜
（祝日は開館）、年末年始
／💴200円

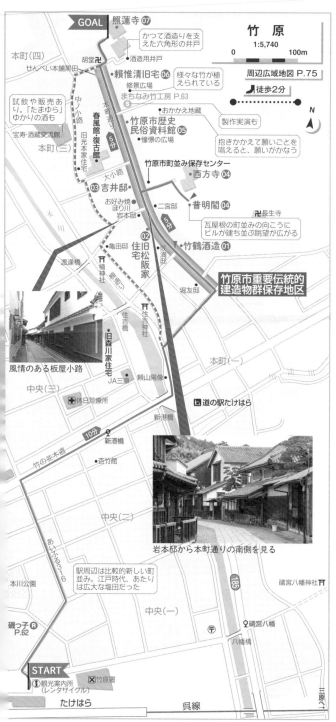

竹原
1:5,740

0　　　　　　100m

周辺広域地図 P.75

♪徒歩2分

N

GOAL 照蓮寺 07

かつて酒造りを支えた六角形の井戸

本町（四）

酒造用井戸

胡堂 卍

せんべい本舗黒田

試飲や販売あり。「たまゆら」ゆかりの酒も

頼惟清旧宅 06

様々な竹が植えられている

宝寿・酒蔵交流館

中ノ小路

修景広場

まちなみ竹工房 P.63 Ⓢ

おかかえ地蔵

製作実演も

本町（三）

春風館・復古館

竹原市歴史
民俗資料館 05

旧光本家住宅

憧憬の広場

抱きかかえて願いごとを唱えると、願いがかなう

大小路

竹原市町並み保存センター

西方寺 04

03 吉井邸

お好み焼
ほり川

二宮邸

普明閣 04

卍長生寺

岩本邸

瓦屋根の町並みの向こうにビルが建ち並ぶ眺望が広がる

亀田邸

02 旧松阪家住宅

酔景園

竹鶴酒造 01

渡達橋

楠神社 卍

堀友邸

**竹原市重要伝統的
建造物群保存地区**

住吉橋

住吉神社 卍

本町（一）

旧森川家住宅

JA三原

頼山陽像

風情のある板屋小路

中央（三）

休日診療所

新港橋

道の駅たけはら

竹の並木道

新港橋

杏竹館

中央（二）

岩本邸から本町通りの南側を見る

駅周辺は比較的新しい町並み。江戸時代、あたりは広大な塩田だった

本川公園

本川公園

あいふる316

磯宮八幡神社 卍

磯っ子 Ⓡ
P.62

中央（一）

磯宮八幡

八幡橋

185

三原へ↑

START

ⓘ観光案内所
（レンタサイクル）

☒竹原署

たけはら　　　　　呉線

06　見学 10分

頼惟清旧宅
らいただすが

　竹原は頼家など多くの学者を輩出した地で、ここは頼山陽の祖父である惟清が紺屋を営んでいた家。本瓦の重層屋根、塗り込めの入母屋造りの建物は、江戸中期の町家の様子をとどめている。

07　見学 15分

照蓮寺
しょうれんじ

　浄土真宗の寺で、竹原小早川家の学問所でもあり頼三兄弟も訪れていた、町人文化の要衝。境内には頼ゆかりの墓も残っている。手前にはかつて竹原の酒造りを支えてきた六角の井戸がある。

製作体験 四海波籠　500円〜

まちなみ竹工房

　竹工芸品の制作、展示、販売を行う工房。見学のほか、竹トンボや風車など細工の製作体験もできる。

♪0846-22-0973／🕐9:30〜16:00（体験受付〜15:00）／🚫8/15、年末年始／👁見学無料、体験500円〜

てくさんぽ／竹原

63

呉・音戸・江田島

戦艦「大和」建造ドックを眺められる歴史の見える丘

エリアの魅力

展示施設
★★★★
町歩き
★★★
ご当地グルメ
★★★★

旬の情報：
音戸の瀬戸公園では、3月下旬から4月上旬にかけて、約2300本の桜が見ごろを迎える。4月下旬から5月上旬には、約8300本のツツジも咲き誇る。

問い合わせ先

呉観光協会
☎0823-21-8365
呉市観光振興課
☎0823-25-3309、3181
江田島市交流観光課
☎0823-43-1644
JR呉駅
☎0570-666-521
広島電鉄（クレアライン）
☎082-221-4385
瀬戸内シーライン（呉～小用）
☎0823-21-5111

呉観光ボランティア

土・日曜、祝日（盆・年末年始は除く）などに、「呉観光ボランティアの会」による、観光ガイドツアーを開催している。旧海軍遺構めぐりなど、所要時間2時間20分。1週間前までに要予約。詳細は呉観光情報プラザ内ボランティアの会まで。
☎0823-23-7845

海に生きた男たちのロマンと夢の足跡をたどる

　呉は1889（明治22）年に旧海軍の鎮守府が置かれ、軍港として発展してきた港町。市内とその周辺には、旧海軍ゆかりの施設が数多く残っている。平清盛が開いたとされる音戸の瀬戸では、日本一短い定期航路の渡船も出ている。

HINT

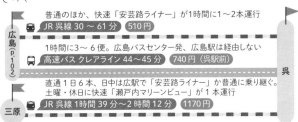

呉への行き方・まわり方のヒント

広島 (p.102)	普通のほか、快速「安芸路ライナー」が1時間に1〜2本運行	
JR呉線 30〜61分	510円	呉
1時間に3〜6便。広島バスセンター発、広島駅は経由しない		
高速バス クレアライン 44〜45分	740円（呉駅前）	
三原	直通1日6本、日中は広駅で「安芸路ライナー」か普通に乗り継ぐ。土曜・休日に快速「瀬戸内マリーンビュー」が1本運行	
JR呉線 1時間39分〜2時間12分	1170円	

　呉市内を巡るのに便利なのが、広電バスの1日乗車券「1 Day呉パス」500円。郊外のアレイからすこじまや歴史の見える丘も含め、主要観光ポイントをほぼ網羅、また入館料割引などの特典も付く。
　江田島小用港へは、瀬戸内シーラインの旅客船を利用。1時間に1便で所要10〜20分、フェリー440円、高速船560円。呉駅から音戸渡船口へのバスは、3番乗り場から倉橋島線か宮原線を利用。

見る

てつのくじら館（海上自衛隊呉史料館）
てつのくじらかん（かいじょうじえいたいくれししりょうかん）

地図p.68-B
JR呉駅から🚶5分

　大和ミュージアムに隣接する海上自衛隊の史料館。隊員教育を目的とする施設だが、一般にも公開。1階は海上自衛隊の歴史、2階は機雷掃海の活動や機雷の実物展示など、3階では潜水艦に関する展示を行っている。2004（平成16）年まで実際に配備されていた潜水艦「あきしお」も野外に展示。

内部にも入れるので、乗員になったかのような臨場感を味わえる。

📞 0823-21-6111　📍 呉市宝町5-32
🕐 9:00〜17:00（入館は16:30まで）
🈺 火曜（祝日の場合は翌日）　💴 無料
🅿 大和ミュージアムP利用

呉市入船山記念館
くれしいりふねやまきねんかん

地図p.68-B
JR呉駅から🚶13分

　1905（明治38）年に建てられた旧呉鎮守府司令長官官舎を、建築当初の姿に復原・修復。木造平屋建ての官舎は、イギリス風の洋館と和館で構成されている。国重要文化財。

📞 0823-21-1037　📍 呉市幸町4-6
🕐 9:00〜17:00　🈺 火曜（祝日の場合は翌日）
💴 250円　🅿 122台

アレイからすこじま

地図p.74-E
JR呉駅から🚌広電バス音戸倉橋方面行きで10分、🚏潜水隊前下車🚶すぐ

　海上自衛隊呉基地近くに整備された公園で、日本で潜水艦を最も間近に見られる公園といわれている。目の前に黒い巨体を見せる潜水艦は迫力満点。

くれ観光情報プラザ 📞 0823-23-7845
📍 呉市昭和町　🈺 無休　💴 無料　🅿 41台

歴史の見える丘
れきしのみえるおか

地図p.144-F
JR呉駅から🚌広電バス音戸倉橋方面行きで5分、🚏子規句碑前下車🚶1分

　1906（明治39）年に建築された旧呉鎮守府庁舎や、戦艦大和を建造したドックの上屋など、旧海軍の関連施設が望める。明治以降の呉の歴史が一望できる丘だ。

くれ観光情報プラザ 📞 0823-23-7845
📍 呉市宮原5　＊見学自由　🅿 なし

長門の造船歴史館
ながとのぞうせんれきしかん

地図p.144-J
JR呉駅から🚌広電バス呉倉橋島線で、1時間終点の🚏桂浜・温泉館下車🚶3分

　倉橋町の造船と海運業に関する資料を多数展示する。古代から現代までの木造船模型もある。1200年以上前の姿に復元された遣唐使船は、船の中も見学できる。

📞 0823-53-0016　📍 呉市倉橋町171-7
🕐 9:00〜16:30
🈺 月曜（祝日の場合は翌日）、12月29日〜1月3日
💴 400円　🅿 なし

戦艦「大和」を1/10サイズで復元！

地図p.68-B

大和ミュージアムへ行こう

海軍とともに繁栄を遂げてきた呉の街。ここで生まれた戦艦「大和」について展示する大和ミュージアムを訪れれば、海軍の街・呉の歴史が見えてくる。

📞 0823-25-3017　📍 広島県呉市宝町5-20
🕐 9:00〜18:00　🚫 火曜　💰 500円　🅿 285台

呉と大和ミュージアム

　山が港を取り囲む天然の要塞のような地形をもつ呉には、1889（明治22）年に日本海軍の根拠地のひとつである呉鎮守府が、1903（明治36）年に海軍直轄の軍需工場である呉海軍工廠が設置された。東洋一の軍港として栄え、戦艦「大和」の建造でも知られる。駅のすぐ南側、港に面して建つ博物館が、大和ミュージアムだ。

　同館のシンボルといえば、本物の10分の1サイズで作られた戦艦「大和」の模型。このほかにも太平洋戦争時の兵器や、大和の生産技術を紹介する映像も見ることができ、さらにドラム缶に入って浮力の存在を体感するなど、船にまつわる技術を楽しく学べるコーナーも備えた、大人から子供まで楽しめるミュージアムとなっている。

かつての名戦艦を忠実に再現

　艦艇や兵器を製造していた呉海軍工廠で、1941（昭和16）年に竣工した戦艦「大和」は、全長263m、最大幅38.9m、基準排水量6万5000tと世界最大級の規模を誇る。

　「大和ひろば」では、実物の10分の1サイズで大和を復元した模型を展示。残されていた設計図や水中映像などをもとに、細かいところまで忠実に再現しており見ごたえ充分。大和建造に採用された工法や技術の中には、現在の船舶や建造物等に反映されているものも多くあり、当時の日本が有する最先端技術が大和に結集していたことがうかがえる。

呉の街を学ぶ、海軍にまつわる展示

　明治期に海軍工廠ができたことにより、海軍とともに発展した呉市。戦後を迎えると、日本屈指の臨海工業都市として、日本の近代化に貢献してきた。

　「呉の歴史」のコーナーでは、そんな呉の歴

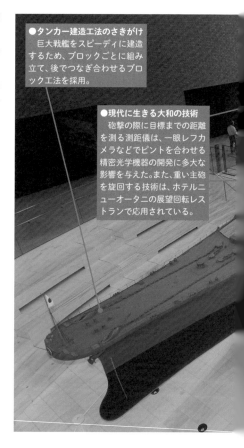

●タンカー建造工法のさきがけ
巨大戦艦をスピーディに建造するため、ブロックごとに組み立て、後でつなぎ合わせるブロック工法を採用。

●現代に生きる大和の技術
砲撃の際に目標までの距離を測る測距儀は、一眼レフカメラなどでピントを合わせる精密光学機器の開発に多大な影響を与えた。また、重い主砲を旋回する技術は、ホテルニューオータニの展望回転レストランで応用されている。

史を明治期〜戦後まで3つに分け、貴重な写真、当時の様子を再現した模型などでわかりやすく紹介。海底から引き揚げられた、大和の遺品も見ることができる。

また、大和ひろばをはさんだ向かい側のフロアには、「大型資料展示室」が広がっている。人間魚雷と呼ばれた特攻兵器「回天（かいてん）」

11 日本有数の海軍工廠の町として栄えた呉の歴史がわかる

や、大和で使用された砲弾など、兵器の実物を展示。

展示物には、呉海軍工廠で開発が行われたものも多い。実物を間近に見て、戦争のもたらしたさまざまな事象について、思いを巡らせてみたい。

2 特攻兵器「回天」十型（試作型）／呉海軍工廠が中心に開発した人間魚雷の試作型 3 零式艦上戦闘機六二型／零戦の開発・研究は広海軍工廠（呉市広町）も関わった

TEKU TEKU COLUMN

ミュージアム見学を終えてひと休み
シーサイドカフェビーコン　地図p.68-B

一面ガラス張りの窓の外には呉港が広がる、ロケーション抜群のカフェで一服しよう。看板メニューは6時間煮込んだ牛タンがトッピングされた士官の海軍カレー1450円。

☎ 0823-23-6000
📍 広島県呉市宝町5-20（大和ミュージアム隣）
🕐 11:00〜20:00
㊡ 火曜（大和ミュージアム休館日に準ずる）

●鋳物技術の集大成
超大型スクリュー
鋳物の3枚翼から成る。「大和」のものは直径5mだった。

●冷暖房完備の住居設備
士官室と兵員室の一部は冷暖房設備が整い、他の艦から「大和ホテル」と呼ばれるほど快適な空間だったようだ。

艦船クルーズと夕呉クルーズ
かんせんクルーズとゆうくれクルーズ

地図 p.68-B
JR呉駅から🚶5分

　呉湾を巡る遊覧船の種類は豊富にあり、中でも、海上自衛隊呉地方隊の艦艇が間近で見られる艦船クルーズは迫力満点と好評だ。日の入り時刻に合わせて出航する夕呉クルーズは所要35分、2日前までに要予約。

🎵 082-251-4354（バンカー・サプライ）
📍 呉市宝町4-44 呉中央桟橋ターミナル1階フロア
🕐10:00、11:00、13:00、14:00の4便（土・日曜、祝日は12:00便もあり）
🈺火曜　💴1500円　🅿️近くに有料🅿️あり

旧海軍兵学校
きゅうかいぐんへいがっこう

地図 p.144-F
小用港から🚌山田・深江・大柿高校行きで7分 🚏術科学校前下車🚶2分

　江田島にある海軍兵学校は、1888（明治21）年から終戦までの間、海軍の士官を養成していた。現在は、海上自衛隊第1術科学校と海上自衛隊幹部候補生学校として使われている。ガイドとともに無料で見学ができる。レストランや売店があり、部隊帽1900円〜がおみやげに人気。

🎵 0823-42-1211（内線2016）
📍 江田島市江田島町
🕐10:30〜、13:00〜、15:00〜（土・日曜、祝日10:00〜、11:00〜、13:00〜、15:00〜）
🈺年末年始　💴無料　🅿️169台

TEKU TEKU COLUMN

花々が咲き誇る音戸の瀬戸は
平清盛ゆかりの地　地図p.74-E

　音戸の瀬戸は、平清盛が沈む夕日を扇で招き返して1日で切り開いたという伝説のある景勝地で、瀬戸内海の自然美と真紅の音戸大橋のコントラストが鮮やか。

　音戸の瀬戸公園では、毎年3月下旬に2300本の桜、5月上旬に8300本の平戸ツツジが咲き誇る。歩けば40分ほどかかるが、高烏台まで足を延ばしてみよう。天気がよければ、安芸灘や点在する島々、四国の山々も臨める。

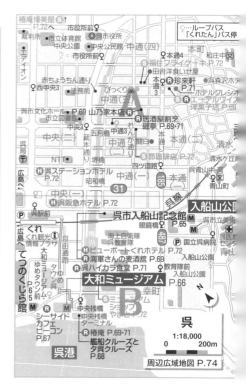

呉
1:18,000
0　　　　200m

周辺広域地図 P.74

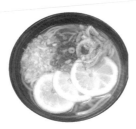

食べる

ビール

海軍さんの麦酒舘
かいぐんさんのばくしゅかん

地図p.68-B
JR呉駅から🚶5分

　呉の名物料理と店内で醸造
したビールが楽しめるビアレ
ストラン。味わいが異なる5
種類のビールやがんす天、肉
じゃが、かき
料理、海軍カ
レーなどがお
すすめ。

📞 0823-26-9191
📍 呉市中通1-1-2
🕐 17:30～21:30（土曜11:30
　～21:30、日曜・祝日11:30
　～20:30）
🚫火曜　＊80席　🅿なし

細うどん

山乃家本店
やまのやほんてん

地図p.68-A
JR呉駅から🚶15分

　呉名物「細うどん」のなかで
もとくに細いのが本店。かけ
うどんに温むすびとおかず3
品が付くうどん定食700円。
牛丼750円、レモンうどん（写
真）550円。

📞 0823-22-8176
📍 呉市中通3-7-10
🕐 11:00～17:00
🚫火曜　＊22席　🅿なし

居酒屋

居酒屋割烹 磯亭
いざかやかっぽう いそてい

地図p.68-A
JR呉駅から🚶15分

　100種類以上の豊富なメニ
ューを揃える居酒屋。鯨料理
には定評があり、給食でおな
じみの鯨の竜田揚げ1650円
は懐かしいと大人気。また、鯨
カツレツは要予約制で1650
円。カワハギの刺身や肝、生き
たアナゴの刺身も絶品。

📞 0823-24-2229
📍 呉市中通3-2-8初勢ビル1階
🕐 17:15～22:45
　（金・土曜～23:45）
🚫木曜　＊15席　🅿なし

ケーキ

エーデルワイス洋菓子店
エーデルワイスようがしてん

地図p.68-A
JR呉駅から🚶17分

　呉で最も古い洋菓子の老舗。
ドイツ菓子をベースにしたシ
ンプルで飽きのこないケーキ
が並ぶ。人気のクリームパイ1
カット399円は、生クリーム
とカスタードクリーム、塩味を
きかせたパイ生地が絶妙なバ
ランス。2階にはカフェスペ
ースもある。

📞 0823-21-0637
📍 呉市本通3-4-6
🕐 9:00～19:00（カフェは平日
　のみで10:00～17:00LO）
🚫月曜（祝日の場合は翌日）
　＊14席　🅿 3台

呉

旧海軍グルメから地元おなじみメニューまで

呉のB級グルメ大集合

港町として発展してきた呉には、旧海軍の食事から生まれたメニューや、屋台や老舗から生まれた地元の人になじみ深い味など、訪れたらぜひ味わいたい料理がたくさん。いざ、食べ歩きに出かけよう。

━━ 旧海軍発祥の味 ━━

旧日本海軍の鎮守府が置かれた呉で、長い航海でも健康を保てるよう、旧海軍が食事に西洋料理を取り入れたのが始まり。明治期の海軍の料理教科書に載っていたものや、昭和期に艦艇で出されていた料理のレシピが今も残っている。

鶏モモ肉は食べごたえあり

Ⓐ チキンライス

明治の頃は、麦入りのサフランライスに、干しブドウを炊きこんだものが主流だった。鶏モモ肉を別添えにするのが海軍式。

懐かしいのに新鮮な味

Ⓑ 鯨カツ

当時、国の食用推進にもかかわらず敬遠されていた鯨肉を、旧海軍でおいしい食べ方を研究。艦船ごとにその味を競っていた。

TEKU TEKU COLUMN

海上自衛隊で出しているカレーが呉の市街でも味わえる

　海自の自衛艦の味として代表的なカレー。呉ハイカラ食堂(p.71)では艦船で使う鉄板という皿に盛った、海上自衛隊鉄板カレー（1450円）が人気。「呉海自カレー」は、海上自衛隊の各艦船のレシピを再現し、それぞれ市内の飲食店で味わえるもの。

甘めの味つけが呉風

Ⓒ 肉じゃが

海軍大将の東郷平八郎が、イギリス留学時に食べたビーフシチューを再現したものといわれる。京都府舞鶴と「肉じゃが発祥の地」を競う。

地元で愛される昔ながらの味

戦後から市街各地には屋台が点在していて、1965（昭和40）年には蔵本通りに集められた。そんな屋台メニューや、老舗から生まれた味は、地元の人々に長い間親しまれてきた。そんな呉のソウルフードを堪能しよう。

戦後に考案された ご当地麺

Ⓔ 冷麺

呉で冷麺といえば、これ。スープをひたひたに注いだ平麺の上に、チャーシュー、ゆで卵、エビなどがのる。

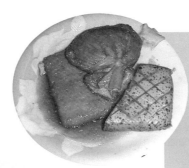

今も昔も変わらぬ 屋台の味

Ⓓ おでん

薄いダシの関西風おでん（写真左）。ラーメン、豚足（写真下）と合わせて、呉の屋台には欠かせない味となっている。

ふわふわではなくズッシリ

Ⓕ メロンパン

呉市民には老舗パン店「メロンパン」のメロンパンがおなじみ。ラグビーボール型でカスタードクリームが入る。

ここで食べられます。

- Ⓐ…呉ハイカラ食堂（明治海軍式チキンライス1300円）　☎0823-32-3108／⏰11:30〜15:00LO／㊡火曜／地図p.68-B
- Ⓑ…居酒屋割烹 磯亭（鯨カツレツ1650円要予約。詳細はp.69）
- Ⓒ…椿庵（海軍定食の中の一品として。詳細はp.69）
- Ⓓ…蔵本通りの各屋台各店で提供　呉観光協会 ☎0823-21-8365
- Ⓔ…珍来軒（冷麺750円）　☎0823-22-3947／⏰11:30〜15:00（売り切れ次第終了）／㊡火曜（祝日の場合は翌日）
  地図p.68-A
- Ⓕ…メロンパン本店（メロンパン197円）　☎0823-21-1373／⏰7:00〜売切れ次第閉店）／㊡日曜／地図p.74-E

買う

みやげ

ミュージアムショップやまと

地図p.68-B
JR呉駅から🚶5分

大和ミュージアムの入場料不要ゾーン内にあり、戦艦大和にちなんだグッズなどを販売している。戦艦大和の2000分の1フィギュア1980円〜が人気。

♪ 0823-32-1123
📍 呉市宝町5-20
🕐 9:00〜18:00
休 火曜(祝日の場合は翌日)　P 285台

コーヒー

昴珈琲店

すばるこーひーてん

地図p.68-A
JR呉駅から🚶10分

1959(昭和34)年創業のコーヒー店。かつて戦艦大和の艦内でも密かに飲まれていたコーヒーの味を再現した「海軍さんの珈琲」(100g1080円)は、キレのよい後味が特徴。テイクアウトで「海軍さんの珈琲」以外のコーヒー100円〜が楽しめる。

♪ 0120-02-7730
📍 呉市中通2-5-3
🕐 9:00〜17:00
休 火曜　P なし

フライケーキ

福住フライケーキ

ふくずみフライケーキ

地図p.68-A
JR呉駅から🚶13分

フライケーキは、卵、小麦粉、砂糖を練り合わせた生地にこしあんを詰め、油で揚げたドーナツ風のおやつ。店頭で揚げているので、できたてをほおばろう。1個80円。

♪ 0823-25-4060
📍 呉市中通4-12-20
🕐 10:00〜19:00
　(売り切れ次第終了)
休 火曜(祝日の場合は翌日)
P なし

和菓子

椿庵博美屋

つばきあんひろみや

地図p.144-F
JR呉駅から🚌広電バス長の木循環線で4分、🚏東片山町下車🚶2分

呉市の花、椿にちなんで命名された椿まんじゅう10個入り1050円(写真)は、平成天皇・皇后両陛下にも献上された。阿波和三盆糖を使用した、あとに残らないさわやかで上品な甘さが特徴。どら焼きの生地にモチ米の粉を練り込んだ椿路餅150円、栗がまるごと一粒入った樽木160円など、品揃えも豊富。中通にも支店がある。

♪ 0823-22-1638
📍 呉市中央5-8-15
🕐 9:00〜18:30
休 無休　P 3台

宿泊ガイド

呉阪急ホテル	♪0823-20-1111／地図p.68-B／Ⓢ6500円〜・Ⓣ1万4000円〜 ● 瀬戸内海の味覚が味わえるディナー付き宿泊プランが人気。
ビューポートくれホテル	♪0823-20-0660／地図p.68-B／Ⓢ5900円〜・Ⓣ1万400円〜 ● 宿泊者専用大浴場でのんびり。朝食は呉市街を望む最上階でいただける。
呉ステーションホテル	♪0823-21-3662／地図p.68-A／Ⓢ7500円〜・Ⓣ1万3000円〜 ● 駅から徒歩2分の好立地。全77室の中には和室もある。

しまなみ海道

とびしま海道

広島IC　安佐南区
みどりい
おおまち　あきやぐち
ふるいち　なかすじ
ふるいちばし　にしはら
下もぎおん　へさか
もぎおん
しもぎおん　ふかわ
広島東IC
かみふかわ
志和IC
山陽自動車道
奥屋PA
山陽本線
せの
2
西条IC
にしたかや
しらいち

東広島JCT　小谷SA

アストラムライン
ふどういんまえ
広島 P.102
うした
よこがわ
広島城 P.108 東区
ひろしま
安芸区
なかのひがし
○府中町
あきなかの
むかいなだ
○海田町
はちほんまつ
185 じけ
西条 P.127
東広島市
さいじょう
ひがしひろしま

95

平和記念公園 P.110
中区
比治山公園
南区

広島港

広島港～宮島桟橋

31

小田山▲719
小田山

水丸山▲660

山陽新幹線

375
あきつ
あきさ

185

かざはや
やすうら
大芝島
赤崎
安芸灘フェリー

坂町
さか

熊野町

広島熊野
道路

灰ヶ峰
737▲

野呂山
839▲

グリーンピアせとうち
あと

江田島 P.64
かるがはま

小用港

広島呉道路

メロンパン本店 P.71

広島港～小用港

切串港

てんのう

くれポートピア

こやうら

よしうら

かわいらいくれ

呉市

あきあか

しんはろ

広駅前
にがた

あきかわじり
仁方駅前
川尻港

見戸代
田戸
宮盛港
三角島

旧海軍兵学校 P.68

江田島市

能美島

呉港　呉 P.64

アレイからすこじま
P.65

音戸の
瀬戸公園 P.68

音戸観光文化会館
うずしお

呉線
ひろ

呉～小用港

487

東能美島

早瀬瀬戸

瀬戸内海汽船・石崎汽船
(広島～松山)

情島

下黒島

上蒲刈島
三之瀬

下蒲刈島

とびしま海道

P.94

上黒島

広島・呉・恋ヶ浜～御手洗
広島バスセンター・
呉駅前より

安芸灘大橋

P.94

宮盛港

大浦港

豊島桟橋
豊島
恋ヶ浜

久比港

三角島
豊島港

大崎下島
P.94
沖友天満宮

広島・呉・七卸
三之瀬～宮盛

広島県

尾久比島

倉橋島

桂浜ドック跡
桂浜神社本殿
長門の造船歴史館

斎島

斎灘

安居島

愛媛県

J

平羅橋へ
豊島大長へ

喫茶、軽食もある

オレンジ
ハウス

大長港

大長～御手洗
N
0　　　500m
1:25,000

山陽商船

大長港

広島県　愛媛県

木江(天満港)・竹原へ
小島

待合室、窓口あり。
隣接してレンタサイクル(マルサン
百貨店)もある

御手洗
P.96

予讃線

呉市
豊町大長

豊浜民
センター

豊木港

宇津
神社

ミカンなどを収穫する
農船が見られる

海岸沿いの平坦な道路

御手洗港

P.96·97

今治港へ

七卸落遺跡

※寄港する船の便数少ない

松山(松山観光港)へ

おおうら
あさなみ

鹿島
いよほうじょう

松山市

ふるさと学園脇から歴史の
見える丘公園へ続く傾斜の
きつい遊歩道は、御手洗の
街を見下ろし多島美を楽し
める絶好のポイント

歴史の見える丘公園

豊町
御手洗

若胡子屋跡　満舟寺
天満宮

御手洗灯台

住吉神社

野忽那島

睦月島

愛媛県

船とバスで
島々をめぐる
西瀬戸内海
交通MAP

1:282,000
0　　　　5km
周辺広域地図 P.144-145

しまなみ海道・とびしま海道

生口島(広島県)と大三島(愛媛県)を結ぶ多々羅大橋

多島美が織りなす絶景と、歴史を感じさせる港町

　瀬戸内海のほぼ中央部、しまなみ海道・とびしま海道一帯は、比較的面積の大きな島が複数点在するエリア。歴史ある神社仏閣、多島美を結ぶ巨大な吊り橋を望む絶景スポット、そして豊富な海の幸と柑橘類。橋でつながっているのでアクセス至便でありながら、のどかな島の雰囲気も楽しめ、グルメも堪能できる。瀬戸内海きっての人気観光地だ。

HINT

しまなみ・とびしま海道への行き方

　しまなみ海道のうち、広島県側の三島(向島・因島・生口島)へは、尾道(p.42)か三原(p.56)より船・路線バス利用が便利。愛媛県側の三島(大三島・伯方島・大島)へは、福山駅が起点の高速バス「しまなみライナー」を利用しよう。

　尾道から大三島以南に向かうなら、路線バスで因島大橋バスストップ(BS)まで行き、そこでしまなみライナーに乗り継ぐとよい。

●とびしま海道へ

　各島へは橋が架かっているので、路線バスを利用。JR呉線広駅から瀬戸内産交バス(☎0823-70-7051)で三之瀬まで25分、御手洗港まで1時間19分。広島バスセンターからさんようバスとびしまライナー(☎0846-65-3531)で下蒲刈中学校まで1時間39分(さらに徒歩20分で三之瀬)、御手洗まで2時間18分。呉駅前から同バスで下蒲刈中学校まで50分、御手洗まで1時間29分。

観光の問い合わせ先

尾道観光協会
☎0848-36-5495
因島観光協会
☎0845-26-6111
瀬戸田町観光案内所
☎0845-27-0051
大三島観光案内所
(しまなみの駅 御島)
☎0897-82-0002
今治地方観光協会
☎0898-22-0909
呉市豊町観光協会
(御手洗休憩所)
☎0823-67-2278
呉観光協会
(とびしま海道)
☎0823-21-8365

情報サイト SHIMAP

　しまなみジャパン。(https://shimanami-cycle.or.jp/)。イベント、体験メニュー、宿泊施設のほか、航路図からの船の時刻の検索が便利。

しまなみ海道の交通図

交通の問い合わせ先

おのみちバス
☎0848-46-4301
中国バス
（しまなみライナー）
☎084-953-5391
せとうちバス今治営業所
☎0898-23-3881
瀬戸内海交通大三島営業所
☎0897-82-0076
本四バス
☎0845-24-3777
向島運航
☎0848-22-7154
瀬戸内クルージング
☎0848-36-6113
土生商船・弓場汽船
☎0845-22-1337
マルト汽船
☎0848-64-8527（しまなみ海運）
因島タクシー（因島）
☎0845-22-2255
上浦交通（大三島）
☎0897-87-2400

尾道 → 向島
🚢 尾道駅前渡船約5分　100円
駅前の乗場より頻発。渡船はほか p.52 も参照

尾道 → 因島
🚢 瀬戸内クルージング 20分　650円
尾道は駅前桟橋発、因島は北部の重井東港着。快速船で1日8便
🚌 おのみち・本四・因の島バス 30～53分　570～970円
🚏 尾道駅前から土生港行きに乗車。1時間に1～2便程度

三原 → 因島
🚤 土生商船高速船 34～36分　810～1280円
⛴ フェリー40分　630円
フェリーは北部の重井港行き。高速船は重井港経由、南部の土生港着。合わせて1～2時間に1便

尾道 → 生口島
🚢 瀬戸内クルージング 39～40分　1300円
尾道は駅前桟橋発、瀬戸田港着。快速船で1日8便
🚌 おのみちバス 53分～1時間5分　860～1050円
🚏 尾道駅前から瀬戸田行きに乗車。1日3～4便

三原 → 生口島
🚢 弓場汽船・マルト汽船 28～36分　840円
高速船で1時間に1～2便。瀬戸田港行き

福山 → 大三島
🚌 しまなみライナー 51分　1800円
1日16便。1時間に1～2便
多々羅しまなみ公園（p.87）に隣接の大三島BS着

福山 → 伯方島
🚌 しまなみライナー 59分　2000円
1時間に1～2便。伯方島IC出口の伯方島BS着

福山 → 大島
🚌 しまなみライナー 1時間5～6分　2200円
1時間に1～2便。大島BS着

まわり方のヒント

　しまなみ海道の各島は複数の港があり、船でアクセスする場合は行き先の島名だけでなく、どの港に着くのかを要確認。「しまなみライナー」は基本的に西瀬戸自動車道を通るため、バス停は市街地から離れている。ともにタクシーなど島内移動の足を、事前に確保しておこう。尾道駅と因島・生口島を結ぶ路線バスは、それぞれ尾道市内、島内の一部バス停が乗車または降車専用になっている。

　因島の土生港は、周辺の島々への航路も多い。両島を拠点に、周辺の小島へ足をのばしてみるのもいい。

しまなみ・とびしま海道

関西方面～愛媛の移動に便利な夜行船

　しまなみ海道を四国側の今治まで渡った場合、帰路に夜行フェリーを利用する手もある。今治駅から無料バスで東予港へ。夜行のオレンジフェリー（☎0898-64-4121）に乗れば、翌朝6時に、大阪南港に到着。8時まで船内で休憩も可能なのも嬉しい。

　展望バスルームやサウナ、レストランなど、船内設備も充実している。シングル6900円～（別途燃料調整金あり）。

多島美と長大な橋を存分に楽しめる

しまなみ海道は
サイクリングパラダイス！

●案内人
NPO法人シクロツーリズムしまなみ
ポタリングガイド　宇都宮一成

NPO法人シクロツーリズムしまなみのポタリングガイドとして、しまなみ海道を拠点に自転車の愉しみを広める活動を展開中。自転車好きが高じて、タンデム自転車世界一周を敢行する。妻とともに10年という歳月をかけ、88カ国を巡った。

ビギナーも気楽に快走できる

しまなみ海道は、今や世界中のサイクリストがあこがれる「自転車の聖地」。このルートがすばらしいのは、上級者でもビギナーでも、サイクリングを大いに楽しめること。瀬戸内海特有のすばらしい多島美が堪能できるのはもちろん、長大な橋を自転車で渡る爽快感は、他の乗り物の比ではありません。島内はクルマも信号も少なく、ストレスフリーで走ることができます。

尾道から今治まで、一気に走り抜けてしまうのもいいけれど、できれば島の中をのんびりサイクリングして、島情緒をたっぷり味わいましょう。名物に舌鼓を打ちつつ、ホスピタリティ豊かな島の人たちとふれあえば、心もカラダも大満足すること間違いなしです。各島々を結ぶ航路もあるので、フェリーと組み合わせてプランニングするのもおすすめです。

POINT

しまなみサイクリング　基本情報

●季節
年中楽しめるが、4〜5月、10月が穏やかな気候でベストだ。しかも日の入りが遅いので、スケジュールに余裕が持てる。冬は風が強く冷たいが、積雪の心配はない。

●所要日数
いずれかの島で1泊はしたい。2泊すれば、たっぷり観光も楽しめる。ビギナーなら朝8〜9時には走り出し、夕方5時には走り終えるように計画を。1日の走行距離は30〜40kmを目安に。

●レンタサイクル
しまなみ海道には13カ所のレンタサイクルターミナル（右ページMAP内の CT）があ

り、各ターミナル間で乗り捨て可能。初心者には乗りやすいクロスバイクがおすすめ。カゴ付き自転車もある。ヘルメットの無料貸出も。

●食事
島内は飲食店や食料品店、コンビニが少なく、経路によっては見つからないことも。エネルギー切れにならないように携行食は必須。

●トイレ・給水
店舗や宿、観光施設などが無料で協力している、しまなみサイクルオアシス（www.cycle-oasis.com）が便利。

●トラブル対応
自動車整備工場、ガソリンスタンドなど地元有志が、簡

単な修理や調整をしてくれる「しまなみ島走レスキュー（www.tousou-rescue.com）」を利用しよう。タクシー会社が自転車ごと希望場所に搬送してくれるレスキュータクシーも行っている。

●橋の走り方
西瀬戸自動車道（しまなみ海道）で自転車が走行できるのは橋の部分だけ。島内では一般道を走る。橋への出入口は、クルマのインターチェンジとは場所が異なる。橋上へのアプローチは遠回りをして勾配を緩めているが、そこそこきつい。下りはスピードが出やすいので、他の自転車や歩行者に注意。

しまなみサイクリング　モデルルート

コース① 〈尾道～大三島〉

1日目

スタート
尾道　尾道渡船乗り場

↓船3分/1.5km 🚴10分

01	岩屋山

↓7.0km 🚴30分

02	因島大橋

↓3.5km 🚴50分

03	白滝山

↓11.0km 🚴45分

04	因島／土生泊

コース全長　61.3km

総走行時間　約5時間

2日目

因島／土生

↓5.5km 🚴25分

05	生口橋

↓7.8km 🚴35分

06	耕三寺

↓7.0km 🚴30分

07	多々羅大橋

↓16.0km 🚴75分

08	大山祇神社

↓0.3km 🚴2分

09	生樹の御門

↓0.7km 🚴3分

10	安神山

↓1.0km 🚴5分

ゴール
大三島／宮浦

コース② 〈大三島～今治〉

1日目

スタート
大三島／宮浦

↓8.0km 🚴40分

01	今治市伊東豊雄 建築ミュージアム

↓15km 🚴1時間20分

02	大三島橋

↓11.5km 🚴60分

03	宝股山

↓7.0km 🚴20分

04	伯方島／有津泊

コース全長　78.2km

総走行時間　約6時間30分

2日目

伯方島／有津

↓3.4km 🚴17分

05	伯方・大島大橋

↓4.0km 🚴20分

06	宮窪瀬戸潮流体験

↓4.6km 🚴45分

07	カレイ山

↓7.5km 🚴30分

08	よしうみバラ公園

↓8.0km 🚴35分

09	来島海峡大橋

↓2.5km 🚴15分

10	糸山展望台

↓6.7km 🚴30分

ゴール
JR今治駅

尾道港（駅前港湾駐車場）
☎ 0848-22-5332
🕘 7:00～19:00
（12～2月 8:00～18:00）

尾道市民センター
むかいしま
☎ 0848-44-0125
🕘 8:30～19:00
（12～2月～18:00）

瀬戸田町観光案内所
☎ 0845-27-0051
🕘 9:00～17:00

土生港
（土生市営中央駐車場）
☎ 0845-22-3362
🕘 8:30～19:00
（12月～2月～18:00）

尾道市瀬戸田サンセットビーチ
☎ 0845-27-1100 🕘 9:00～17:00

大三島レンタサイクル
ミノル
（道の駅「しまなみの駅御島」）
☎ 0897-82-0002
🕘 8:30～17:00

上浦レンタサイクルターミナル
（道の駅「多々羅しまなみ公園」）
☎ 0897-87-3855 🕘 9:00～17:00

伯方レンタサイクルターミナル
（道の駅「伯方S・Cパーク」）
☎ 0897-72-0018
🕘 9:00～17:00

吉海レンタサイクルターミナル
（道の駅「よしうみいきいき館」）
☎ 0897-84-3233
🕘 9:00～17:00

宮窪レンタサイクルターミナル
（宮窪観光案内所）
☎ 0897-74-1074
🕘 9:00～17:00

中央レンタサイクルターミナル
（サンライズ糸山）
☎ 0898-41-3196
🕘 8:00～20:00
（10～3月～17:00）

今治港みなと交流センター
レンタサイクルターミナル
☎ 0898-35-5090
🕘 9:00～17:00

JR今治駅
レンタサイクルターミナル
☎ 0898-34-3190
🕘 8:00～20:00

〈レンタサイクルについて〉
●貸出料金は全ターミナル
一律。大人（中学生以上）
1100円（1日につき）。保
証料1100円（貸出ターミ
ナルまたは同じ島内のター
ミナルへ返却した場合のみ
返却）
●全ターミナル間で乗り捨
て可能。
●電動アシスト自転車は大
人1日のみ1600円、乗り
捨て不可。

※CTはサイクルターミナルです
※所要時間は、平坦コース時速約15km、
上りは時速7km程度で計算しています
※山は自転車で行ける最高所、橋は中央部分を距離の基準としています

しまなみ海道／絶景サイクリング

79

ココでしか見られない景色がいっぱい！
しまなみ海道
絶景サイクリング

自転車だからこそ行きたい、選りすぐりのルートや景勝地。リフレッシュ＆リチャージしながら自転車での島旅を満喫しよう！

※CS＝サイクルスタンド

尾道

尾道から向島へは渡船で約3分で到着

10分

向島 むかいしま

都会的な西側とのどかさ満点の東側。できるなら島情緒を求めて東ルートへ。

One Point

ここで一息

ラムネ
150円

昔ながらのガラス瓶に入ったラムネは炭酸がよく効いて、昭和5年創業時と変わらぬ味。

後藤鉱泉所 ☎0848-44-1768／♀尾道市向島町755-2
🕐8：30〜17：30／休不定／地図p.89-A

50分

絶景VIEW!!

手軽にアクセスできるパワースポット。エネルギーチャージして頑張ろう。

01 岩屋山
いわややま

尾道大橋のたもとにある標高102mの山。麓の大元神社に自転車を停め、徒歩10分。古代の巨石信仰の聖地であったといわれ、不思議な巨石群が点在している。それらを巡るルートが、「岩屋山ミステリーツアー」として整備されている。山頂からは尾道水道が一望できる。

尾道観光協会 ☎0848-36-5495
♀尾道市向東町 🔍見学自由
休無休／無料 地図p.89-A

02 因島大橋

全長1270m。上下二段構造で、自転車は下段を通行。橋なのにトンネルをくぐっているような不思議な感覚。自転車50円(2022年3月まで無料)。

因島 いんのしま

東回りは足に自信がある人向きのダイナミックなルート。ビギナーは西回りで海沿いを行く平坦な道で。

One Point

50分 🚲

ここで一息

はっさく大福
200円

因島発祥の柑橘・はっさくが入った大福。はっさくの酸味と苦みが白あんと相性ばっちり。

はっさく屋 ♪ 0845-24-0715／📍尾道市大浜町246-1／🕐 8:30〜17:00／🈁 月・火曜(祝日の場合は翌日)／CSあり／地図p.89-A

山頂を目指し、8合目まで、急坂をのぼり最後は徒歩で約10分。ファイ!

03 白滝山
しらたきやま

標高226mの、因島を代表するビュースポット。中腹から山頂にかけて、さまざまな表情を持った約700体の石仏が点在し、瀬戸内海の眺望を背景に独特の雰囲気を醸し出している。頂上は夕日が特に美しいスポットとして有名だ。

尾道因島総合支所しまおこし課
♪0845-26-6212
📍尾道市因島重井町
＊見学自由 🈁 無休 ¥ 無料
地図p.89-A

しまなみ海道／絶景サイクリング

🚲
45分

04 土生

TEKU TEKU COLUMN

寄り道するなら——岩城島 いわぎじま

「青いレモンの島」で知られる岩城島(地図p.89-B、上島町岩城総合支所♪0897-75-2500)は、自転車で2時間あれば一周できるほどコンパクトな島。海やレモン畑などの景色を楽しみながらサイクリングできる。標高370mの積善山は、約3000本の桜で有名。桜越しの瀬戸内の風景は絶景だ。

●因島土生港から岩城島長江港へは、フェリー13分。長江フェリー(♪0897-75-2580)

05　生口橋

1991年開通、長さ790m。日本初の斜長橋。因島の造船所や生名島、岩城島などの島々がパノラマで見えて爽快。自転車50円（2022年3月まで無料）。

生口島　いくちじま

北側のサンセットビーチ付近がオススメ。レモン谷のレモン畑も。

One Point

35分

ここで一息

ジェラート（シングル）
390円

瀬戸田のレモンや伯方の塩など、地元産の素材を用いた手づくりジェラート。

ドルチェ瀬戸田本店　♪0845-26-4046／📍尾道市瀬戸田町林20-8／🕐10:00〜17:00／😊無休／CSあり　地図p.89-B

絶景VIEW!!

06　耕三寺博物館（耕三寺）
こうさんじはくぶつかん（こうさんじ）

実業家の耕三寺耕三が母親の死後、菩提を弔うために建てた寺。博物館には、重要文化財を含む仏教・茶道美術、近代美術品など貴重な美術コレクションを展示している。大理石で作られた庭園「未来心の丘」も見ものだ。

♪0845-27-0800
📍尾道市瀬戸田町瀬戸田553-2
🕐9:00〜17:00　😊無休
💴1400円　CSあり　地図p.91

30分

07　多々羅大橋

長さ1480m。斜張橋のワイヤーの脇は迫力がある。主塔には、拍子木をたたくと反響する「多々羅鳴き竜」も。自転車100円。（2022年3月まで無料）

大三島　おおみしま

島を半周はしてみよう。北半分は比較的ゆるやか。南半分はかなりきつめの起伏が連続。

One Point

1時間15分

08　大山祇神社
おおやまづみじんじゃ

海、山、武の神として知られ、多くの武将が武具を奉納してきた。それらは宝物館で見られる。安全祈願のヘルメットお守りがサイクリストに人気。

♪0897-82-0032　📍今治市大三島町宮浦332
＊境内自由　🏛宝物館1000円（休館中）
CSあり　地図p.93-A

09 生樹の御門
いきぎのごもん

　大山祇神社の奥の院の参道にある樹齢約3000年のクスノキは、幹の根元が門のように開いていて、そこをくぐって奥の院へ参拝することから「生樹の御門」と呼ばれるようになった。不老長寿のご利益があるといわれている。

今治市役所大三島支所
☎0897-82-0500
📍今治市大三島町宮浦
＊見学自由　休無休　¥無料
CSあり（大山祇神社）
地図p.93-A

絶景VIEW!!

まるで異空間への入口のような天然の造形。これは必見！

登山口まで
3分

10 安神山
あんじんさん

　大山祇神社に3つある神体山の一つ。中腹にある安神山わくわくパークに自転車を停め、鷲ヶ頭山自然研究路となっている登山道を歩いて登る。険しい断崖を登るコースだが、瀬戸内海の多島美が眺められる遊歩道となっている。

今治市役所大三島支所
☎0897-82-0500
📍今治市大三島町宮浦3811
＊見学自由　休無休　¥無料
地図p.93-A

ここで一息

海鮮丼
780円

　開店前から行列ができる食堂の一番人気は、ぶつ切りの刺身が豪快に盛られた海鮮丼。

お食事処 大漁　☎0897-82
-1725/📍今治市大三島町
宮浦5507-1/🕐11:30〜
15:00(14:30LO)/休土・
日曜　地図p.93-A

絶景VIEW!!

登山口から山頂まで、徒歩約1時間。登山道の整備状態よし。

大三島
宮浦

40分

絶景 VIEW!!

斎灘を望む
山肌にあり、
沈む夕陽も美しい
絶景地！

01 今治市伊東豊雄建築ミュージアム

いまばりしいとうとよおけんちくみゅーじあむ

日本を代表する建築家・伊東豊雄氏による、日本初の建築ミュージアム。瀬戸の海を見下ろす絶好のロケーションに建つ。人をモチーフにしたユニークなサイクルスタンドもある。

📞 0897-74-7220
📍 今治市大三島町浦戸2418
🕐 9:00～17:00　休 月曜（祝日の場合は翌日）、年末
💴 840円　CSあり　地図p.93-A

1時間
20分

02 大三島橋

しまなみ海道で最も古い1979年開通。全長328m。大三島の南海岸の眺めがいい。自転車50円。（2022年3月まで無料）

ここで一息

リモンチェッロ
アイスモナカ
200円

自家製レモンリキュール入りアイスを薄皮モナカでサンド。レモンが香るひんやりしたスイーツ。

リモーネ
Limone 📞 0897-87-2131
／📍今治市上浦町瀬戸2342／🕐 11:00～17:00／
休 火・金曜（12～2月は不定休あり）地図p.93-A

伯方島 はかたじま

平坦なので、小1時間で島を一周できる。ヒルクライム好きなら島の最高峰の宝股山へ。

One Point

 1時間

伯方島ICから山頂手前の駐車場まで自転車で約30分登坂。さらに徒歩15分で標高304mの頂へ。

絶景 VIEW!!

03 宝股山

ほこさん

標高304m、伯方島で一番高い山。古代巨石信仰の山として崇められてきた。山頂には巨石を配置した遺構がみられる。頂上からは360度の眺めが楽しめ、伯方・大島大橋、大三島橋、多々羅橋の三橋も一望できる。

今治市役所伯方支所
📞 0897-72-1500
📍 今治市伯方町叶津
＊見学自由　地図p.93-A

20分

17分

04 伯方島
有津

05 伯方・大島大橋

1988年開通、全長1230m。二つの橋の中間にある見近島は無人島だが、ビーチとキャンプ場あり。自転車50円。（2022年3月まで無料）

大島　おおしま

島の東西の海岸線は群を抜く景観が広がる。ただし東海岸はかなりハードなルートだ。

One Point

20分

06 宮窪瀬戸潮流体験
みやくぼせとちょうりゅうたいけん

　近世の瀬戸内海で活躍した海賊・能島村上氏が本拠地とした能島周辺は、ときに最大10ノット（時速約18km）にもなる潮流が渦を巻く。この激しい潮流を船の上から間近に眺められる。所要時間約40分。2名より運航。

絶景 VIEW!!

魚食レストラン能島水軍
📞 0897-86-3323
📍 今治市宮窪町宮窪1293-2
🕐 9:00～最終受付16:00
🏠 月曜（祝日の場合は翌日）
💴 1200円　地図p.93-B

本屋大賞受賞の小説「村上海賊の娘」の舞台はココです！

🚲 45分

！

山頂の茶屋に期間期日限定、おまけに数量限定の名物カレーあり！

07 カレイ山
かれいやま

　大島北ICから自転車で40分、標高232mの山で、展望台からは宮窪瀬戸や伯方・大島大橋などを一望、激しい潮流を眼下にできる。山

今治市役所宮窪支所
📞 0897-86-2500
📍 今治市宮窪町宮窪
＊見学自由　CSあり　地図p.93-B

頂には、4～11月の土・日曜、祝日のみ営業するカフェ、遠見茶屋（📞0897-86-2883）がある。

しまなみ海道／絶景サイクリング

🚲 35分

絶景 VIEW!!

08 よしうみバラ公園
よしうみばらこうえん

繊細なオールドローズから四季咲きのモダンローズまで、世界のバラ400種を集めたローズガーデン。フランスの有名バラ園「ライ・レ・ローズ」からも約100種が移植されている。休憩ポイントにぴったりの場所だ。

今治市役所吉海支所住民サービス課
♪0897-84-2111
♀今治市吉海町福田1292
＊見学自由　地図p.93-B

ここで一息

島じゃこ天
120円

来島海峡産の小魚を使った揚げたてのじゃこ天が食べられる。

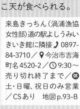

来島きっちん（渦浦漁協女性部）道の駅よしうみいきいき館に隣接♪0897-84-3710／♀今治市吉海町名4520-2／🕘9:30〜売り切れ終了まで／休土・日曜、祝日のみ営業／CSあり　地図p.93-B

ほんのりバラの香りがする「つきや」名物のバラアイス250円

🚲 35分

09 来島海峡大橋

3つの橋が連なり、来島海峡を見下しながらの四国へのサイクリングが楽しめる。全長4105m。全線開通は1999年。自転車200円。

🚲 30分

今治駅

🚲 15分

10 糸山展望台

日没後まで時間に余裕があればぜひ、立ち寄りたい、来島海峡を一望のビュースポット。夕景も素晴らしい。

絶景VIEW!!

来島海峡大橋のライトアップは日にち限定。実施日は本四高速のHP（https://www.jb-honshi.co.jp）でチェック！

写真：今治地方観光協会

まだある！絶景スポット

前ページまでに紹介したスポット以外にも、しまなみ海道には絵になるスポットがあちこちに。海と島と、夕日が織りなす島の風景は、そこでしか見られない個性派ばかりだ。

�夕陽に浮かぶ島影がビューティフル！

生口島　サンセットビーチ

　多島美の海に沈む夕日が見事。夏はしまなみ海道随一のビーチとして、海水浴客でにぎわう。キャンプ場も併設しており（1日1人200円）、テントなどの貸出も行っている。

SBせとだ共同企業体♪0845-27-1100／瀬戸田BSから島内バス東回りで15分（瀬戸田港から西回りで5分）、サンセットビーチ下車🚶1分／♀尾道市瀬戸田町垂水1506-1／＊見学自由／🅿100台　地図p.89-B

絶景VIEW!!

亀老山　きろうさん　　大島

絶景VIEW!!

山頂売店の玉藻塩アイスも大人気。

1 展望台からの眺め。左奥は四国・今治（写真：今治地方観光協会）
2 夕暮れ時も見事。島影とのコントラストは息を呑む美しさ

　山頂の展望台からは、来島海峡を一望できる。国道317号から南へ3.8km。その道中は急坂だが、山頂に近づくにつれ眺めがよくなる。

JR今治駅から🚌瀬戸内交通バスで23分、♀亀山下車🚶1時間／吉海支所住民サービス課♪0897-84-2111／♀今治市吉海町／🅿18台　地図p.93-B

レストラン

　多々羅しまなみ公園内にある。人気はタイなどの魚介類がたっぷり乗った海鮮寿司丼1650円や、幻の高級魚・マハタお造里定食2200円など。

♪0897-87-3866／🕚11:00〜14:00LO／🈡無休／🅿300台／地図p.93-A

　多々羅大橋の大三島側にある道の駅。橋を撮影するには持ってこい。写真は園内のオブジェ越しに見たワンカット。レストランや特産品販売所も併設。

大三島BSから🚶すぐ／♪0897-87-3866／♀今治市上浦町井口9180-2／🕘9:00〜17:00／🈡無休／🅿300台　地図p.93-A

大三島　多々羅しまなみ公園

「サイクリストの聖地碑」も必見！

絶景VIEW!!

MAP しまさんぽ

向島・因島・生口島

むかいしま・いんのしま・いくちじま

尾道から渡船ですぐの向島には、自然や花の見どころが点在。因島はかつての村上水軍の本拠地。しまなみ海道のほぼ中央に位置する生口島には、神社仏閣や歴史ある建築物が立つ。　※アクセスはp.77も参照

まわり方のヒント

　因島へは、フラワーセンターや水軍城は尾道からバスの利用が便利。船の場合、北部へは尾道から重井東港へ高速船が、三原から重井西港へ高速船とフェリーが運航。中心部の土生へは三原と尾道から高速船が結ぶ。生口島中心部の瀬戸田へは、尾道・三原からの高速船が便利。

　島同士のアクセスは、因島の土生と生口島の瀬戸田を結ぶ本四バスが1日5～7便運行のほか、尾道からの高速船が重井東港と瀬戸田を結んでいる。生口島橋直下の金山～赤崎間もフェリーが20分おきに運行（土・日曜。祝日運休）、自転車の人に便利。

 向島　胡蝶蘭 1万1000円

向島洋らんセンター
むかいしまようらんセンター

年間を通じて向島産の洋らんを販売。胡蝶蘭3本立ち1万1000円、シンビジウム3300円～。

JR尾道駅から尾道駅前渡船で向島へ渡り、タクシーで10分／☎0848-44-8808／🕘9:00～17:00／火曜（祝日の場合は水曜）／💴無料／🅿55台

 向島　見学 20分

吉原家住宅
よしはらけじゅうたく

1635（嘉永12）年築、日本最古の農家。国の重要文化財。茅葺き家の、内部に入って見学可能。

向島・兼吉渡船乗場からタクシーで10分／🏠尾道市向島町3854／※2021年1月現在、内部の公開等見学は休止中

 因島　見学 30分

因島水軍城
いんのしますいぐんじょう

1983（昭和58）年12月に築城された、全国でもめずらしい城型資料館。二の丸、隅櫓、本丸からなる。資料館では、南北朝時代から室町・戦国時代にかけて活躍した村上水軍の歴史を詳しく知ることができる。

JR尾道駅から🚌因島土生港行き37分の🚏要橋で島内路線バス因島大橋・久保田橋行きに乗りかえ8分、🚏水軍城入口下車🚶10分／☎0845-24-0936／🏠尾道市因島中庄町3228-2／🕘9：30～17:00（1月2日～3日は10:00～15:00)／🈺木曜（祝日は営業)／💴330円／🅿50台

 向島　見学 10分

高見山
たかみやま

山頂付近にある展望台からは、因島などの島々のほか、天気がよければ四国連山までが一望できる。

向島・兼吉渡船乗場からタクシーで20分／尾道市観光課☎0848-38-9184／🏠尾道市向島町／🅿3台

 因島　見学 30分

因島フラワーセンター
いんのしま

白滝山の麓にある植物公園。1.8haもの広大な敷地に四季折々の花を栽培する。大温室にはバナナなどの熱帯性植物を展示している。

JR尾道駅から🚌因島土生港行き30分、🚏因島北インター入口下車🚶10分／尾道市因島総合支所☎0845-26-6212／🏠尾道市因島重井町1182-1／🕘9:00～17:00／🈺火曜（祝日の場合は翌日休)／💴無料／🅿100台

P.56

向島・因島・生口島

1:147,000

0　　　　　　3km

周辺広域地図 P.145

N

三原
山陽三原
新幹線 みはら
山陽本線
しまなみ交流館 P.42
尾道 P.42
おのみち
千光寺公園
西瀬戸
尾道IC へ
尾道大橋出入口
岩屋山
102
JR東
海道 P.80
P.80
尾道市
兼吉バス待合所

三原港
三原市
三原国際ホテル
185
いとざき
尾道港
向島
向島町
向東町 P.80
後藤鉱泉所 P.80
吉原家住宅 P.88
向島洋らん
センター P.88

筆影山
▲311
すなみ
須波
弓場汽船・マルト汽船
呉線
竹原へ

土生商船
瀬戸内クルージング

小佐木島
細島
小細島

A

向島町
岩子島
岩子島
向島町
向島BS
向島IC
西瀬戸自動車道
しまなみ海道

立花臨海公園
マリン・ユース・
センター
高見山 P.88
▲283
向島町
立花

重井東港
P.88 因島フラワーセンター
重井西港
P.89 HAKKOパーク
佐木島
大浜崎灯台
大浜PA
因島大橋BS
白滝山
226▲
因島重井町
因島重井BS
因島北インター入口
因島大橋 P.81
因島大橋記念公園
はっさく屋 P.81
いんのしまペンション白滝山荘 P.100
因島大浜町
梶ノ鼻
因島北IC
本因坊秀策
囲碁記念館
本因坊秀策の碑

P.88 因島水軍城
金蓮寺
P.100
水軍城
大日
因島外浦町
P.100 艮神社 因島
椋浦町

瀬戸田町高根
高根島
ドルチェ瀬戸田本店 P.82
瀬戸田町沢
90-91
尾道市瀬戸田支所
平山郁夫美術館 P.91
耕三寺博物館
(耕三寺) P.82・90

土生商船
瀬戸田町名荷
因島南IC
生口橋 P.82
生口島北IC

因島熊町
因島中庄町
因島才生町
尾道市因島
総合支所
因島三庄町
地蔵鼻
土生港

牡蠣山
▲408

瀬戸田港
生口島
サンセットビーチ P.87
サンセットビーチ
瀬戸田町
垂水
観音山
472▲
瀬戸田PA
大三島へ
317
多々羅大橋
P.82
西瀬戸自動車道(しまなみ海道)
瀬戸田BS
317
瀬戸田町御寺
生口島南IC
瀬戸田PABS

P.100 ホテルいんのしま
因島公園

B

岩城
岩城島 P.81
積善山
▲370

生名島
生名

弓削久司浦
弓削上弓削
弓削島
弓削明神

上島町

因島　見学　30分

HAKKO パーク
はっこうぱーく

植物発酵食品「万田酵素」の製造過程や、植物用万田酵素で栽培したダイコンやスイカを見学可。

JR尾道駅から🚌因島土生港行き1時間、🚏鬼岩下車🚶20分／📞0120-85-1589／📍尾道市因島重井町5800-95／🕙10:00〜17:00／🈺休園中／🅿20台

TEKU TEKU COLUMN

島ごと美術館(生口島)

生口島には、不思議な形のオブジェが島内いたるところに点在している。全17作品が展示されており、いずれも作家自らが設置場所を選び、そこからのイメージを形にして作られた。島をまるごと美術館にというコンセプトのもと、島の風景と現代アートとが見事にコラボレーションしている。

「CATS DANCE」滑川公一(生口島南IC付近)

「空へ」眞板雅文(瀬戸田サンセットビーチ)

てくさんぽ

瀬戸田

せとだ

生口島の海の玄関口の港町で、現代日本画家の平山郁夫が生まれ育ったところ。町内に点在する由緒ある神社仏閣や、野外彫刻めぐりを楽しみたい。

※アクセスはp.77も参照

スタート	瀬戸田港
↓0.1km 🚶5分
| 01 | 向上寺 |
↓0.5km 🚶2分
| 02 | 潮音山公園 |
↓0.2km 🚶10分
| 03 | しおまち商店街 |
↓0.8km 🚶3分
| 04 | 平山郁夫美術館 |
↓0.2km 🚶3分
| 05 | 耕三寺博物館(耕三寺) |
↓0.2km 🚶2分
| 06 | カフェ・クオーレ |

↓1.1km 🚶12分
| ゴール | 瀬戸田港 |

 HINT

歩行距離 **3.1km**

散策の目安 **40分**

車で訪れる場合は、瀬戸田港前交差点南にある、商工会隣の無料駐車場に停めてから、徒歩で町内を巡るのがオススメ。

01	見学 20分

向上寺
こうじょうじ

三重塔は1432(永享4)年に建立。室町時代の禅宗建築の粋を集めた唐様式と和様式の折衷で、国宝に指定されている。

瀬戸田町観光案内所 ☎0845-27-3377/♀尾道市瀬戸田町瀬戸57/＊見学自由/ⓟ6台

03	散策 30分

しおまち商店街

船着場から耕三寺まで続く600mのレトロな昭和の商店街。カフェの汐待亭、コロッケの岡哲、中華のせとだなど、立ち寄りたいお店が点在。

02	見学 30分

潮音山公園
ちょうおんざんこうえん

潮音山を上りつめたところにある眺めのよい公園。瀬戸田港を見下ろし、中腹に建つ向上寺三重塔

の朱色が鮮やかに映える。高根島や耕三寺、瀬戸田の町並みといった、瀬戸内の風景に心がなごむ。春先に咲きそろうツツジの花も見事。

瀬戸田町観光案内所 ☎0845-27-0051/♀尾道市瀬戸田町瀬戸田/ⓟ6台

↑三原・尾道へ

高根大橋 黄色いアーチ型の橋

山腹の遊歩道沿いは、春になるとツツジの花が満開に

潮音山公園 02

三重塔へ続く急な階段

三重塔

卍向林寺

坂を15分ほど登ると向上寺だ

生口神社 向上寺 01

尾道市

5分

向上寺入口

卍万徳寺 卍法然寺

START
GOAL

瀬戸田港

殻神社 ⛩

耕三寺博物館までゆるやかな坂が続くが、参道商店街になっているので、店をのぞきながら、ゆっくり歩きたい

1分

旅館つつみ

P.91 向栄堂 Ⓢ

10分 汐待亭

アズミ瀬戸田

瀬戸田町瀬戸田 西村焼肉店

Ⓗ住之江旅館 P.91

中華せとだ

瀬戸田局 Ⓣ
しまなみ信金 博愛幼稚園

瀬戸田港へ
多々羅大橋へ
ⓟ尾道しまなみ商工会瀬戸田支所

05	見学 40分

耕三寺博物館(耕三寺)
こうさんじはくぶつかん こうさんじ

元事業家の耕三寺耕三が御母堂逝去にともない僧籍に入り、その菩提の追悼のために建立した寺院。1936(昭和11)年から30年あまりの歳月をかけ、全

国の由緒ある仏閣や寺院の様式を取り入れ復元。日光陽明門を再現した孝養門や金剛館に展示されている美術品など、極楽浄土の世界が広がる。

平山郁夫美術館
ひらやまいくおびじゅつかん

幼少期の絵日記から代表作のシルクロードシリーズまで、氏の足跡のすべてを紹介している。瀬戸田を描いた作品も多く、デッサンやスケッチ、ハイビジョンなど貴重な資料も展示されている。

♪ 0845-27-3800／尾道市瀬戸田町沢 200-2／⏰ 9:00〜17:00（入館は16:30まで）／🏠 作品入替のための臨時休館日／💴 920円／🅿 40台

カフェ・クオーレ（未来心の丘）
みらいしんおか

耕三寺博物館内にある大理石でできたカフェ。大窓からは瀬戸内海を望める。未来心の丘を製作した彫刻家・杭谷一東によってデザインされた総大理石の空間は、葡萄やビーナスを彫った柱やリーフで飾られ、まるで地中海のような雰囲気が漂っている。椅子や机も杭谷氏がプロデュースしたもの。メニューにはエスプレッソ450円や、包み焼きピザ450円などの軽食もある。

♪ 0845-27-0755／尾道市瀬戸田町瀬戸田 553-2
⏰ 10:00〜16:15LO／🏠 無休／🅿 40台

♪ 0845-27-0800／尾道市瀬戸田町瀬戸田 553-2
⏰ 9:00〜17:00／🏠 無休／💴 1400円／🅿 40台

レモンケーキ　150円　　　穴子丼　1655円

向栄堂
こうえいどう

生口島はレモンの島。このレモンを使用したお菓子がおみやげとして人気。その代表格がレモンケーキ。なかでも向栄堂のレモンケーキはおいしいと評判だ。

♪ 0845-27-0134／尾道市瀬戸田町瀬戸田 229／⏰ 7:00〜18:00／🏠 不定休／🅿 なし

わか葉

近海でとれた活きアナゴをその場で調理。秘伝のタレを使用した穴子丼1655円。割いてから1時間が限度というアナゴの刺身がつく穴子膳3555円。

♪ 0845-27-0170／尾道市瀬戸田町瀬戸田 520-1／⏰ 11:00〜15:00、17:00〜21:30LO／🏠 火曜（祝日は営業）／🅿 2台

TEKU TEKU COLUMN

大林映画にも登場する老舗・住之江旅館

瀬戸内海で水揚げされた魚介類を、食事の直前に締めている。新鮮さにこだわりを持っている老舗旅館。美味しい魚料理が食べられる。140年の歴史がある建物は、大林宣彦の映画『転校生』のロケで使用された。

♪ 0845-27-2155／尾道市瀬戸田町瀬戸田 264-3
💴 1泊2食付き1万5000円〜／🅿 5台

てくさんぽ／瀬戸田

しまさんぽ

大三島・伯方島・大島

おおみしま・はかたじま・おおしま

しまなみ海道の愛媛側。大三島は瀬戸内海で5番目、愛媛県では最大の島。伯方島は古くから製塩業が盛んで、全国的に有名な天然塩「伯方の塩」の産地でもある。大島は戦国時代に瀬戸内海で活躍した村上水軍が拠点とした島だ。 ※アクセスはp.77も参照

まわり方のヒント

大三島の見どころは主に大三島BS付近と大山祇神社～宮浦に集中。伯方島と大島は島内に広く点在。三つの島はしまなみライナーほか瀬戸内海交通バス・せとうちバスが今治・松山から大島・伯方島を経て大三島まで運行。

大三島 見学 40分

大山祇神社 宝物館
おおやまづみじんじゃ ほうもつかん

国宝8点のほか、国や県の重要文化財に指定された武具、甲冑等が多数保存されている。

大三島BSから🚌瀬戸内海交通バス・せとうちバスで12分、🚏大山祇神社前下車🚶すぐ／📞0897-82-0032／📍今治市大三島町宮浦3327／🕐臨時休館中／💴1000円／🅿近隣の市営50台

大三島 見学 20分

今治市 大三島美術館
いまばりし おおしまびじゅつかん

大山祇神社に隣接し、神社との調和を基調とした白壁の美術館。中島千波、平松礼二、竹内浩一など、現在活躍中の日本画家の作品が中心。

📍大山祇神社前から🚶すぐ／📞0897-82-1234／📍今治市大三島町宮浦9099-1／🕐9:00～17:00／🈺月曜（祝日の場合は翌平日）、12月27日～12月31日／💴520円／🅿近隣の市営50台

大三島 見学 30分 ◎

ところミュージアム 大三島
おおみしま

海に向かうなだらかな斜面を生かして建つ、現代美術館。トム・ウェッセルマンやノエ・カッツなど、展示作品は世界的な作家による逸品ばかり。

📍大山祇神社前からタクシーで10分／📞0897-83-0380／📍今治市大三島町浦戸2362-3／🕐9:00～17:00／🈺月曜（祝日の場合は翌平日）／💴310円／🅿5台

大三島 見学 30分 ◎

村上三島記念館
むらかみさんとうききねんかん

上浦町出身で文化勲章授章者の村上三島氏の書道美術館。書作品のほか古墨、硯などのコレクションを展示している。

大三島BSから🚢10分／📞0897-87-4288／📍今治市上浦町井口7505／🕐9:00～17:00／🈺月曜（祝日の場合は翌平日）／💴520円／🅿43台

大三島 神島まんじゅう（1個入り550円～） 🛍

しまなみの駅 御島
えきみしま

地元の海産物加工品や柑橘類などが所狭しと並ぶ。村上井盛堂の神島まんじゅう（8個入り550円～）や、大三島堂の大三島せんべい430円などの銘菓も買える。

📍大山祇神社前から🚶2分／📞0897-82-0002／📍今治市大三島町宮浦3260／🕐8:30～17:00／🈺無休／🅿33台

大三島 入浴 520円 ♨

マーレグラッシア 大三島
おおみしま

海水・海藻・海の気候などを組み合わせたタラソテラピー（海洋療法）の考え方を取り入れ、心身の活力を高めることを目的とした入浴施設。さらに露店風呂では、美しい海と心地よい潮風を感じながら入浴することができる。またリラクゼーションルームやレストランなど、あらゆる場所から海を眺めることができ、ちょっとしたリゾート気分が味わえる。

大三島BSから🚌瀬戸内海交通バス・せとうちバスで14分、🚏宮浦農協下車🚶15分／📞0897-82-0100／📍今治市大三島町宮浦5902／🕐10:00～20:00（札止め19:30）／🈺水曜、2月第1火・水・木曜（年末年始の水曜は営業）／💴520円／🅿60台

生口島
尾道市

因島・尾道へ
317

瀬戸田町
垂水

(休園中)
シトラスパーク
瀬戸田

瀬戸田町
御寺
317

上浦町盛

上浦町
井口

瀬戸田町萩

生口島南IC

上島町
岩城島
P.81

P.92 大山祇神社宝物館
大三島町
肥海

P.82 大山祇神社
P.92 今治市大三島美術館 M
しまなみの駅御島 P.92
大三島
生樹の御門 P.83

大三島町
浦
大三島町
宮浦

P.82 多々羅大橋

瀬戸田PA

M 村上三島記念館 P.92

多々羅しまなみ公園 P.87
レストラン P.87

上浦
BS

大三島IC

P.83 お食事処 大漁 R

宮浦農協
大山祇神社前

大三島IC
大三島町
甘崎

大横島

安神山▲267

P.92 マーレグラッシア大三島
P.93 伯方塩業大三島工場

鷲ヶ頭山
▲436

317

上浦BS

上浦PA

伯方町北浦

P.84 Limone S

開山公園

伯方町伊方

鷲多浦八幡神社

伯方島

鼻栗瀬戸展望台

西瀬戸自動車道
(しまなみ海道)

P.84 宝股山
304▲

ふるさと
歴史公園

伯方町木浦

伯方町
木浦

伯方港

大三島町浦戸

M ところミュージアム大三島 P.92

P.84 大三島橋

大三島BS

大三島町宗方

M 今治市伊藤豊雄建築ミュージアム P.84

伯方S・Cパーク
船折瀬戸観潮台

伯方島IC

伯方町有津
木浦港

今治市

H 大三島・憩の家 P.100

宮窪町早川

P.84 伯方・大島大橋

船折瀬戸

鵜島

H 光藤旅館 P.100

大三島ブルーライン

吉海町
田浦

P.85 カレイ山▲

大島

能島

宮窪港

宮窪瀬戸潮流体験 P.85

大島営業所

宮窪町
宮窪

M 今治市村上海賊
ミュージアム P.93

吉海町泊 石文化公園
大島北IC
大島BS

村上水軍博物館

よしうみバラ公園
P.86

宮窪町友浦

津島

友浦港

吉海支所前

吉海町
八幡

317

いまばり風の顔
ランド・小島

波方町西浦

波方町
波方

P.86 来島きっちん

亀山

来島海峡
第三大橋

吉海町
臥間

317

大島南IC

P.86 来島海峡大橋

馬島BS
馬島

来島海峡
第一大橋

小島

よしうみいきいき館

P.87 亀老山

吉海町
南浦

P.86 糸山展望台

下田水港

吉海町名駒

波止浜

来島海峡SA
今治北IC

波かた
予讃線

しまなみ海峡

N

大三島・伯方島・大島
1:172,000
0   3km

今治市街へ   今治港へ   今治港へ

周辺広域地図 P.145

しまさんぽ／大三島・伯方島・大島

大島

見学 40分

今治市村上海賊ミュージアム
いまばりしかみむらかいぞく

村上海賊の歴史博物
館。貴重な資料が多数展
示されている。わくわく
体験ルームでは甲冑や小

袖の着用もできる。

大三島BSから瀬戸内海交通バス・せとうちバスで16〜
19分の石文化公園で下車、島内バス友浦線に乗りかえ
8分村上水軍博物館下車 3分／0897-74-1065／
今治市宮窪町1285／9:00〜17:00／月曜（祝日の
場合は翌日）、12月29日〜1月3日／310円／50台

TEKU TEKU COLUMN

伯方の塩の工場見学

「伯方の塩」を製造し
ている伯方塩業大三島
工場（0897-82-0660）
では、輸入天日塩を日
本の海水に溶かしてつ
くる工程を見学できる
（一時中止）。敷地内に
はかつて瀬戸内に存在
していた「流下式枝条
架併用塩田」が再現さ

れている。売店では、
「されど塩」Tシャツ
2900円などのグッズ
や、淡い塩味がついた伯
方の塩ソフトクリーム
300円を販売している。

93

MAP しまさんぽ

とびしま海道

とびしまかいどう

瀬戸内海西部の安芸灘諸島7島と、本州側の呉市を7つの橋で結んでいるルート。正式名称を「安芸灘諸島連絡架橋」という。ほとんどの道路が海岸沿いを走っており、海を間近に感じることができる。歴史と文化を今に伝える、やすらぎに満ちた島の風情を楽しみたい。 ※アクセスはp.76も参照

HINT まわり方のヒント

広島・呉・広駅からの高速バス「とびしまライナー」は、下蒲刈島の観光スポットが集中する三之瀬には停車しない。三之瀬へは♀下蒲刈中学校で下車し、徒歩20分ほど。広駅前からの路線バスに乗車すれば、三之瀬に停まる。

とびしま海道のもう一つの名所、御手洗（p.96参照）へは、竹原港からの高速船で大長港で降り、徒歩15分。本数は朝夕2本のみと少ないが、御手洗港を経由する便もある。

 下蒲刈島　　　見学 40分 ◎

松濤園

しょうとうえん

陶磁器館、御馳走一番館、あかりの館、蒲刈島御番所の4館で構成された歴史資料館。18世紀末頃の宮島の町家・旧木上邸を移築した建物が陶磁器館。伊万里や古九谷など国内外の名品約800点を所蔵。2～3ヵ月ごとにテーマを変えて展示。旧呉市電で使われていた敷石や、上関から移築した古民家の屋根瓦を利用した歩道がある。

JR広駅から🚌とびしまライナーで25分、♀三之瀬下車🚶3分／☎0823-65-2900／♥呉市下蒲刈町下島2277-3／🕐9:00～17:00（入館は16:30まで）／🈵火曜（祝日の場合は翌日）／💴800円／🅿50台

 下蒲刈島　　　見学 30分 ◎

蘭島閣美術館

らんとうかくびじゅつかん

下蒲刈島に多く自生していた春蘭の名を由来とする美術館。建物は伝統的な日本建築で、島の風情に調和している。日本の近代絵画や郷土ゆかりの作家の絵画を開期ごとに展示。

♀三之瀬から🚶5分／☎0823-65-3066／♥呉市下蒲刈町三之瀬200-1／🕐9:00～17:00（入館は16:30まで）／🈵火曜（祝日の場合は翌日）／💴500円／🅿50台

 下蒲刈島　　　見学 20分 ◎

白雪楼

はくせつろう

江戸時代の末、豪農・山路機谷が京都の奇好亭を2階建ての楼造りに改め、多くの漢学者が研鑽の場として使用していた。趣向を凝らした建物内部を見学した後は、庭を眺めながら抹茶で一服できる。

♀三之瀬から🚶5分／☎0823-65-3066／♥呉市下蒲刈町三之瀬197／🕐9:00～17:00（入館は16:30まで）／🈵火曜（祝日の場合は翌日）／💴400円／🅿50台

とびしまグルメ

地海老天ぷらうどん 627円

お月さん

島内の常連も多い家庭的な食堂。地海老天ぷらうどん627円、自家栽培の梅を使った梅干し入り梅うどん572円。

♀三之瀬から🚶2分の♀吉川回槽店前から🚌下蒲刈地区生活バス大地蔵西方面行き3分／♀梶ヶ浜海水浴場下車／☎0823-65-3440／♥呉市下蒲刈町下島839-16／🕐11:00～17:00／🈵月曜（祝日の場合営業）／🅿20台

県民の浜／県浜定食 1900円

お食事処あび

県民の浜内にあるお食事処。新鮮な海の幸を使った料理がおすすめ。海鮮丼や県浜定食（写真）が人気。

JR広駅から🚌とびしまライナーで40分、♀営農センター下車🚶25分／☎0823-66-1177／♥呉市蒲刈町大浦7605／🕐11:00～14:00／🈵月～金曜（祝日は営業）／＊80席／🅿50台

下蒲刈島 見学 20分

昆虫の家 頑愚庵
こんちゅう いえ がんぐあん

下蒲刈に生息する多種多様な昆虫の標本や微小昆虫はもちろん、日本の美しいトンボ、世界の美しい昆虫、広島県の絶滅の恐れのある昆虫をテーマに展示している。

📍三之瀬から徒歩1分／☎ 0823-70-8007／📍呉市下蒲刈町下島2364-3／🕐9:00～17:00（入館は16:30まで）／🚫火曜（祝日の場合は翌日）／300円／🅿️50台

下蒲刈島 見学 30分

蘭島閣美術館 別館
らんとうかくびじゅつかん べっかん

洋画家・寺内萬治郎の裸婦像をはじめとする作品のほか、愛用していた絵筆やパレットなどの貴重な品々を常設展示。丘の上からは、対岸へ続く蒲刈大橋と瀬戸の風景を眺めることができる。

📍三之瀬から徒歩4分／☎0823-65-2500／📍広島県呉市下蒲刈町三之瀬106番地／🕐9:00～17:00（入館は16:30まで）／🚫火曜（祝日の場合は翌日）／300円／🅿️50台

下蒲刈島 じゃこ天 160円

海駅三之関
かいえきさん のせき

NPO法人が運営しているみやげ物店。でべらやサヨリなどの季節の小魚を骨ごとすり身にして揚げたじゃこ天（1枚160円）が評判。揚げたてをその場でも味わえる。

📍三之瀬から⋯すぐ／☎ 0823-70-8282／📍呉市下蒲刈町下島2358-1／🕐9:00～17:00（揚げたてじゃこ天は9:30～16:00、無くなり次第終了）／🚫火曜（祝日の場合は翌日）、年末年始／🅿️市民センター🅿️を利用、100台

TEKU TEKU COLUMN

県民の浜

日本の渚100選などにも選ばれている浜辺。海水浴が楽しめるほか、宿泊施設やテニスコートなども整備された健康保養地になっている。やすらぎの館（一時休館）は、地下500mから湧出する天然温泉が自慢。古代製塩遺跡展示館（入館無料）も併設。

📍営農センターから⋯25分／☎ 0823-66-1177／📍呉市蒲刈町7605／🅿️100台

大崎下島 ジュース 200円～

御手洗休憩所
み たらいきゅうけいじょ

重要伝統的建造物群保存地区にあり、200年前の商家を利用。豊町観光協会として観光情報を発信しながら島の名産品も販売している。喫茶室では、「ぎゅっと大長みかん」200円などのジュースが人気。

📍JR広島駅から⋯とびしまライナーで1時間5分、📍御手洗港下車⋯2分／☎ 0823-67-2278／📍呉市豊町御手洗65／🕐平日10:00～16:00、土日祝9:00～16:30／🚫火曜／🅿️10台

とびしま海道
1:275,900
0 5km

しまさんぽ／とびしま海道

てくさんぽ
MAP

御手洗 地図p.145-G

<small>みたらい</small>

江戸中期から明治初期にかけて、風待ち、潮待ちの良港として栄えた御手洗。瀬戸内海の交通の中継港として多くの人や物や情報が集まり、昭和初期に至るまで時代に合わせて発展した。海沿いの小さな集落には商家や船宿、洋館がひしめき合うように混在し、江戸時代から明治・昭和時代までの歴史的な建物を見てとれる。呉市豊町観光協会 ☎0823-67-2278

スタート ♀ 御手洗港	

↓220m 🚶 3分

01	若胡子屋跡

↓150m 🚶 2分

02	満舟寺

↓50m 🚶 1分

03	大東寺

↓450m 🚶 5分

04	鞆田邸隣りの洋館

↓140m 🚶 2分

05	七卿落遺跡

↓120m 🚶 2分

06	乙女座跡

↓70m 🚶 1分

07	常盤町とおり

↓300m 🚶 4分

ゴール ♀ 御手洗港	

アクセス

呉駅から♀御手洗港まで🚌さんようバス（☎0846-65-3531）とびしまライナーで1時間29分。広島駅から♀御手洗港まで🚌さんようバスとびしまライナーで2時間18分。竹原駅から竹原港まで🚌芸陽バス（☎0846-22-2224）で7分、竹原港から大長港までしまなみ海運（☎0845-22-1337）高速船で43〜49分、大長港から♀御手洗港まで🚌瀬戸内産交バスで3分

!HINT

歩行距離
1.5km

散策の目安
2時間30分

常盤町とおりを中心に、歩いてほんの数分の場所に見どころが多く集中している。海岸では、大波止、石橋、高燈籠、石垣護岸、雁木など、港町の営みを支えた当時の土木建造物が多く見られる。呉市豊町観光協会・潮待ち館（☎0823-67-2278、9:00〜17:00、火曜休）でガイドの手配もできる。

---

01 見学 20分

若胡子屋跡

1724（享保9）年に開業した茶屋。最盛期は100名以上の花魁や芸妓を抱えていた。屋久杉を用いた天井、桜島溶岩を練り込んだ土塀など、贅を尽くしている。

♀ 広島県呉市豊町御手洗149-1／🕘 9:00〜17:00／🚫 火曜（祝日の場合は翌日）／💴 無料／🅿 なし

再建された社殿の裏に、当時の本殿がある

航 watari P.95

洋館

江戸期の鶴と亀の彫り物

住吉神社

千砂子波止

住吉神社前

石の太鼓橋

ふるさと学園

高灯籠

船宿

平成に彫られた亀と宝船の彫り物

もとは船の修繕や掃除など、藩船の面倒を見る宿だった

戦国時代の立派な石垣だが作者不詳

なごみ亭 P.95

高さ25mの楠

かつて、御手洗の検番だった建物

御手洗最大のこ壁の建物。巨大な敷地を誇っていた

松浦時計店は明治時代から続く時計店。店内にある150年前のアメリカ製の柱時計は、当時、家を一軒売って手に入れたもの

船宿は、御手洗に入港した船の積み荷の取り引きや、水、薪の供給など、仲介問屋の役割を果たした

---

02 見学 20分

満舟寺

境内に、江戸七俳人のひとり栗田樗堂の墓と芭蕉の句碑がある。春は桜、秋は紅葉が楽しめる。

＊境内自由／🅿 なし

---

03 見学 15分

大東寺

見所は、三羽の迦陵頻伽と雌雄の竜の欄間。京都の彫刻師による木厚を活かした彫りは圧巻。境内には樹齢350年、高さ25mのクスノキがそびえ立つ。

＊境内自由／🅿 なし

鞆田邸隣りの洋館
とも だ てい

　御手洗には、大正から昭和初期に建てられた洋館6棟が現存している。鞆田邸隣りの洋館は、遊女の案内所としての役割を担った「検番所」だったところ。

七卿落遺跡

　1863（文久3）年に起きた幕末の政変で失脚した、倒幕派の七卿が長州藩へと落ち延びる際、そのうち三条実美ら五卿がこの庄屋（竹原屋）に立ち寄り滞在した。
さんじょうさねとみ

📍広島県呉市豊町御手洗225／🕐 9:00～17:00／㊡火曜（祝日の場合は翌日）／💴無料／🅿なし

乙女座跡

　1937（昭和12）年に建てられた御手洗初の劇場で、当時の最先端をゆくモダンなデザインが魅力。戦後は、昭和30年代まで映画や芝居の興行が行われ、その後は選果場として利用されてきた。2002（平成14）年、現在の姿に復元された。

📍広島県呉市豊町御手洗／🕐 9:00～17:00／㊡火曜／💴200円／🅿なし

歴史の見える丘公園へ

2月は紅白梅が見事
天満宮

01 若胡子屋跡

菅公の碑

荒神社
02 満舟寺
芭蕉句碑

金子邸

丸形の赤ポスト

食堂

洋館 07 常盤町とおり

郵便局

奥行きのある問屋の土蔵

豊町観光協会・潮待ち館
御手洗散策の起点

大東寺

かつてこの通りが町の中心の商店街だった

松浦時計店

START GOAL
御手洗港

港町交流館

04 洋館
鞆田邸

06 乙女座跡

船宿

洋館

前は海。いいの岡が見える

恵美須神社

江戸みなとまち展示館

05 七卿落遺跡

昔の護岸

約100基の墓が並ぶ
大長港へ

遊女の墓

住人の財力などにより様々な造作がある

土・日曜、祝日公開。200円。もと庄屋屋敷で茶室は健在

江戸の町屋
弁天社

御手洗休憩所 P.95

御手洗防災センター
御手洗の案内板

大長港から自転車で歩いてきたなどの看板に目印

どんなゼンマイ時計でも修理可能。潮待ち館の時計もここで直した

御手洗港 船の便数少ない

4分

1832（天保3）年、庄屋金子忠左衛門により寄進された高燈籠
たかとうろう

江戸時代に造られた石組みの防波堤である千砂子波止

てくさんぽ／御手洗

常磐町とおり

　江戸時代の雰囲気を残す家並みが保存された通り。切妻や入母屋造りの白漆喰の塗込めの妻入り母屋が並ぶ。2階に大きな木格子の窓を設けた、凝った造りの家屋も見られる。通りのはずれにある旧柴屋住宅は、広島藩主が来島した時の本陣としても利用された。内部見学が可能（🕐 9:00～17:00、㊡火曜、💴無料）。

TEKU TEKU COLUMN

遊女たちと隆盛をともにした町

　御手洗は、瀬戸内海航路の重要な港として多くの船が寄港するようになった18世紀前半から昭和初期に至るまで、花街として栄えた。最盛期には300人もの遊女がおり、4軒の遊郭が置かれた。沖合に停泊している船へ、遊女たちを乗せて運ぶ「おちょろ船」という船まで出航していたとされる。住吉神社から北へ、海岸沿いに延びる通りがかつての花街のメインストリートだった。

てくさんぽ

大久野島戦跡巡り

おおくのしませんせきめぐり

第二次世界大戦中、毒ガスの製造が行われた大久野島。陸軍の要塞のひとつとして砲台が置かれ、現在でも各所に多くの戦争遺跡が見られる。また、人に慣れた野生のウサギが棲んでおり、ふれ合うことができる。問い合わせは竹原市観光協会♪0846-22-4331　地図p.145-H

スタート	休暇村

↓0.2km 🚶 4分／🚲 2分

01	毒ガス資料館

↓1.5km 🚶 28分／🚲 8分

02	長浦毒ガス貯蔵庫跡

↓0.4km 🚶 8分／🚲 2分

03	北部砲台跡

↓登り0.4km 🚶 8分／🚲 8分

04	中部砲台跡

↓登り下り1km 🚶 20分／🚲 15分

05	旧軍火力発電所跡

↓0.2km 🚶 4分／🚲 2分

06	南部砲台跡

↓0.4km 🚶 8分／🚲 2分

ゴール	2番桟橋

!HINT

歩行距離
4.1km

散策の目安
3時間

島内は車両の乗り入れが禁止されている。歩道は整備されているが、場所によってはかなりのアップダウンがある。休暇村～第二桟橋間は船の時刻に合わせて無料のバスが運行されているが、歩いても15分程度。

アクセス

忠海港より休暇村客船（♪0846-26-0321）または大三島フェリー（♪0846-22-6199）を利用。乗船約12分、片道310円。1時間1～2便の運航。島の桟橋は2カ所で7時・8時・17～19時の便を除き、2番桟橋に発着。

01	見学　20分

毒ガス資料館

第二次世界大戦時下、秘密裏に毒ガスの製造が行われていた大久野島。資料館では、当時使われていた工員手帳や作業服、防毒マスク、製造装置の冷却器部分、保存容器などを展示している。また、写真パネルや後遺症の被害を伝える映像などを通じて、毒ガス製造の痛ましい事実を学べる。

1番桟橋から🚶3分、2番桟橋から🚶10分／♪0846-26-3036／🏠竹原市忠海町大久野島5491／🕐9:10～16:00／🈺年末年始／🉐150円／🅿なし

02	見学　10分

長浦毒ガス貯蔵庫跡

当時毒ガスを貯蔵した施設で、約100tタンクが6基置かれ規模は島内で最大。煤けた壁は、戦後、火炎放射器で毒素を焼却処理した痕跡だ。

TEKU TEKU COLUMN

またの名を「ウサギ島」

島には700羽（2014年調べ）のウサギが棲息しており、島内のあちこちで来島者をお出迎えしてくれる。野生のウサギは人慣れしているが、「抱いたり持ち上げたりしてはいけない」のが島のルール。

大久野島観光の拠点・休暇村大久野島

島内唯一の宿泊施設。温泉（日帰り入浴11:30～14:30、420円）やレストラン（7:30～9:00、11:30～14:00［13:30LO］、17:30～20:00）がある。（♪0846-26-0321、地図p.99、1泊2食付き1万1000円～）

北部砲台跡

1902（明治35）年、日露戦争に備えて造られた砲台で、24cm砲4門と12cm砲4門、2基の砲座跡が並ぶ。観測所跡、兵舎跡も現存し、当時の姿をよく残している。当初、発電施設があった場所は、毒ガス生産が始まると貯蔵タンク場となった。砲弾置場には、砲弾の丸い鉄錆の色が今も見てとれる。

中部砲台跡

山頂付近、送電線の鉄塔近くにある。当初、砲台に据え付けられた28cm砲は開戦後まもなく前線へ移設された。地面を掘り下げた場所に砲2基分の台座が2つあり、計4基の砲台跡の丸い基礎部分が残る。

花崗岩を組んだ壁面には、砲弾を置くための溝、兵舎へつながる通信用の壁穴が残る。砲台脇には、レンガを組みコンクリートでアーチ屋根をかけた兵舎が現存。とても保存状態が良く、当時の最高水準の技術で頑強に造られたということが、よくわかる。

旧軍火力発電所跡

工場に電力を供給していた重油炊きのディーゼル発電所跡。蔦が絡まる廃屋の近くには、重油の荷揚げなどに使用していた石造りの旧桟橋も残る。

南部砲台跡

島の南側の小高い丘にあり、3カ所の砲台跡の中で最も小さい。24cm砲4門と9cm砲4門が設置された台座は花崗岩造りで、レンガ造りの兵舎とも、その施工水準はかなり高度。

てくさんぽ／大久野島

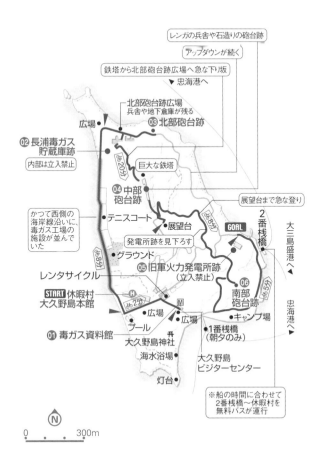

レンガの兵舎や石造りの砲台跡
アップダウンが続く
鉄塔から北部砲台跡広場へ急な下り坂
▶忠海港へ
北部砲台跡広場
兵舎や地下倉庫が残る
03 北部砲台跡
広場
02 長浦毒ガス貯蔵庫跡
内部は立入禁止
巨大な鉄塔
約20分
04 中部砲台跡
展望台まで急な登り
約8分
かつて西側の海岸線沿いに、毒ガス工場の施設が並んでいた
テニスコート
展望台
発電所跡を見下ろす
GOAL
2番桟橋
大三島盛港へ
約8分
グラウンド
05 旧軍火力発電所跡（立入禁止）
06 南部砲台跡
約5分
レンタサイクル
START 休暇村大久野島本館
約2分
広場
M
広場
キャンプ場
忠海港へ
01 毒ガス資料館
プール
大久野島神社
1番桟橋（朝夕のみ）
海水浴場
灯台
大久野島ビジターセンター
※船の時間に合わせて2番桟橋〜休暇村を無料バスが運行

N
0　　　　300m

瀬戸内海を拠点に全国に名を馳せた

村上水軍ゆかりの地を歩く

近年、和田竜著のベストセラー『村上水軍の娘』でも注目を集めた村上水軍。しまなみ海道に残されたゆかりの史跡を訪れ、その歴史ロマンに触れてみよう。

瀬戸内海を支配した村上水軍

瀬戸内海は古くから海上交通の要路であった。この海域には、海賊が出没。これを取り締まる命を中央から受けていたのが、海の武士団・水軍である。

芸与諸島を中心に勢力を広げていた村上水軍は、平安時代の藤原純友の乱や源平合戦に関する史料に、すでに登場している。

やがて村上氏は、因島・能島・来島のそれぞれを拠点とする三家に分かれる。航行する船から警固料を徴収し、引換に航行の安全を保障、無視する船は攻撃した。

戦国時代になると、機動性に富む関船と小早で編成された水軍は組織的な戦術を駆使するようになり、陸の武将たちは、水軍を引き入れようと躍起になった。毛利元就と陶晴賢が戦った1555（弘治元）年の厳島合戦や、織田信長が石山本願寺を攻めた戦い

でも、村上水軍は戦の行方を左右した。

しかし、1588（天正16）年に豊臣秀吉が海賊禁止令を出し、やがて村上水軍は姿を消して行った。

そんな村上水軍ゆかりの地が、今も因島などに残る。因島水軍城の麓にある金蓮寺（尾道市因島中庄町3225、地図p.89-B）には、村上水軍の代々の墓がある。また、因島椋浦町にある艮神社（地図p.89-B）は、村上水軍が出陣の際に、法楽踊りを踊って士気を高めたといわれている。

■1 出陣する水軍を見守って来た艮神社
■2 歴代の墓がある金蓮寺は村上氏の菩提寺

TEKU TEKU COLUMN

縁起のいいタコが入った水軍鍋

村上水軍が出陣前夜、海辺でかがり火を焚き、必勝祈願のために作った料理が発祥。「八方の敵を喰う」という縁起かつぎで、必ずタコが入っているのが特徴だ。ホテルいんのしま（☎0845-22-4661／地図p.89-B）の水軍鍋は、新鮮なタイやカンパチなどの因島産魚介類を使用。1人前4400円〜、2名より受付。3日前までに予約を。

しまなみ海道の宿

因島	**いんのしま ペンション白滝山荘**	☎0845-25-0068／地図p.89-A／1泊2食付き1万1000円〜 ●海を見下ろす洋風の建築。瀬戸内の魚を中心に使った日本料理が味わえる。
大三島	**大三島 憩の家**	☎0897-83-1111／地図p.93-B／1泊2食付き7700円〜 ●旧小学校の木造校舎宿を利用した宿。瀬戸内海が目の前に広がる。
伯方島	**光藤旅館**	☎0897-72-0536／地図p.93-B／1泊2食付き6600円〜 ●食事はクルマエビ料理、瀬戸内の魚の刺身や焼き魚などでボリューム満点。

広島
宮島

広島

1996年世界遺産に登録された原爆ドーム

エリアの魅力

町歩き
★★★★
味どころ
★★★★★
ショッピング
★★★★

旬の情報：
はつかいち・広島市植物公園さくらまつり（4月上旬〜下旬）、冬の味覚のカキは、11〜2月頃がシーズン。

被爆の悲劇を越え平和を祈る中国地方最大の都市

　世界で初めて原子爆弾が投下された町・ヒロシマ。平和記念公園や原爆ドームを中心に、戦争の愚かさと恒久平和を今も訴え続ける。その一方で、広島風お好み焼きやカキ料理など、庶民的な食文化がしっかりと息づく。市内を走る6本の川と、緑を活かした町並みをのんびり歩いてみよう。

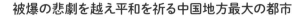

広島への行き方

●航空機での行き方

　広島空港へは、東京（羽田発）からなどの便が発着している。空港から広島駅までのバスは5〜20分間隔で、随時運行。通常、片道1370円だが、有効期限が1週間の往復割引2480円もあり、到着ロビー内券売機で販売。

●鉄道での行き方

　東京・名古屋・大阪方面から東海道・山陽新幹線を利用。各地からは、6枚つづりの新幹線回数券普通車指定用が発売されていて、3人での旅行に便利。「のぞみ」利用の場合、6枚つづりで東京から10万8180円。普通に買うより1410円割安。

●高速バスでの行き方

　右図のほか、横浜、名古屋などからも夜行便が運行している。広島バスセンターを経由し、広島駅新幹線口に停車する。

問い合わせ先

広島市観光政策部
☎082-504-2243
広島市観光案内所
（平和記念公園内、
　原爆の子像西側）
☎082-247-6738
JR西日本
☎0570-00-2486
広島空港（総合案内）
☎0848-86-8151
広電バス（空港連絡バス）
☎082-231-5171
広電電車バステレホンセンター
☎0570-550700
広島電鉄（路面電車）
☎082-242-0022
中国JRバス電話予約
センター（東京〜広島、
大阪〜広島）
☎0570-666-012
中国JRバス
（めいぷるーぷ）
☎0570-010-666
広島市観光ボランティア
ガイド協会
☎082-222-5577

広島電鉄の1日乗車券

　路面電車が1日何回でも乗り降り自由になる1日券がお得。「電車1日乗

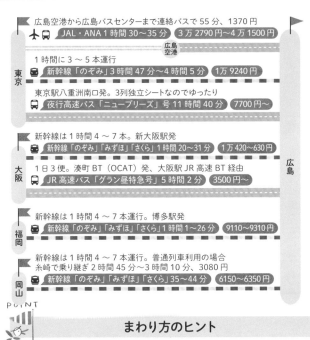

広島空港から広島バスセンターまで連絡バスで55分、1370円

東京
✈🚌 JAL・ANA 1時間30〜35分 ｜ 3万2790円〜4万1500円

1時間に3〜5本運行
🚄 新幹線「のぞみ」3時間47分〜4時間5分 ｜ 1万9240円

東京駅八重洲南口発。3列独立シートなのでゆったり
🚌 夜行高速バス「ニューブリーズ」号 11時間40分 ｜ 7700円〜

大阪
新幹線は1時間4〜7本。新大阪駅発
🚄 新幹線「のぞみ」「みずほ」「さくら」1時間20〜31分 ｜ 1万420〜630円

1日3便。湊町BT（OCAT）発、大阪駅JR高速BT経由
🚌 JR高速バス「グラン昼特急号」5時間2分 ｜ 3500円〜

福岡
新幹線は1時間4〜7本運行。博多駅発
🚄 新幹線「のぞみ」「みずほ」「さくら」1時間1〜26分 ｜ 9110〜9310円

岡山
新幹線は1時間4〜7本運行。普通列車利用の場合
糸崎で乗り継ぎ2時間45分〜3時間10分、3080円
🚄 新幹線「のぞみ」「みずほ」「さくら」35〜44分 ｜ 6150〜6350円

広島

POINT

まわり方のヒント

●広島駅に着いたら

路面電車に乗る…広島電鉄が市街を広くカバー、途中下車してどこかへ立ち寄りたいときにおすすめ。市内線均一190円で、広島駅から平和記念公園や紙屋町への移動に便利。

バス・タクシーに乗る…一般のタクシーと市内バスの乗り場は広島駅南口。市内観光バスと高速バスの乗降所および予約窓口は新幹線口にある。観光タクシーはつばめ交通（☎082-221-1955）の場合、3時間で1万7400円（中型車〜4名）。おすすめプランは平和記念公園、縮景園、広島城などをめぐる。厳島神社と平和記念公園をめぐる5時間コースは2万9000円。利用するタクシー会社により料金に差があるため、事前によく確認を。

定期観光バスに乗る…2階建てオープンバスによる定期観光「めいぷるスカイ」。広島城や原爆ドームなど主要な観光名所をめぐる広島市内ドライブ車窓コースは、土・日曜、祝日、GW、夏休みの10:10、13:10（冬期運休）、19:10（夏期のみ）発。平和記念公園での1時間の散策を含む広島市内平和記念公園下車コースは15:10発。いずれのコースも2000円。冬期には冬期限定のひろしまドリミネーション車窓コースも運行。1500円。※2021年1月現在運休中

●広島駅から移動する

主な見どころは平和記念公園周辺。原爆ドームや資料館、慰霊碑めぐりのほか、広島城、縮景園など、じっくりめぐれば半日以上は必要。繁華街の本通りも、ここから徒歩5分ほどと近い。

車券」700円、広電電車全線と宮島口から宮島を結ぶ宮島松大汽船がセットの「1日乗車乗船券」900円の2種類。販売場所は広電広島駅電車案内所、広電広島駅定期センターほか、市内のホテルなど。

めいぷるーぷ

広島駅新幹線口を基終点とし、広島市内の主な観光スポットをめぐる。運行ルートは、3つの美術館を経由するオレンジル〔ト、八丁堀や新天地など繁華街を経由するグリーンルート、オレンジルートの短縮版のレモンルート、広島港と結ぶブルールートの4ルート。いずれも原爆ドーム前と平和公園前を通過する（ブルールートは広島港発のみ）。1乗車200円。1日乗車券は400円。

まち歩きガイド

広島市内のボランティアガイド団体が案内する「まち歩きコース広島とりっ歩」。各団体によりコースはさまざま。広島城下巡りコースは、JR広島駅南口を出発し、世界平和記念聖堂、縮景園、広島城などを徒歩でめぐる。所要2時間30分。定員や予約の有無など、コースにより異なるので確認を。

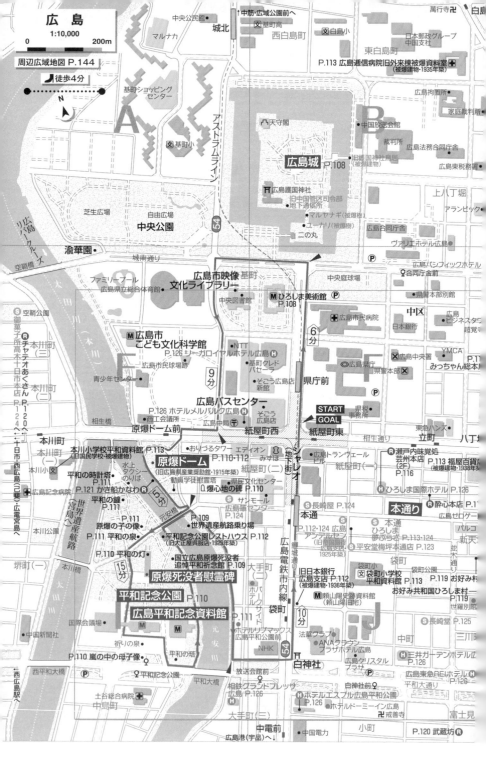

広島

1:10,000

0   200m

周辺広域地図 P.144

🎵 徒歩4分

N

中筋・広域公園前へ

中央公民館

城北

基町高

白島小

西白島町

東白島町

日本郵政グループ
中国支社

P.113 広島逓信病院旧外来棟被爆資料室 ✚
（被爆建物・1935年築）

広島拘置所

マルナカ

基町ショッピングセンター

A

アストラムライン

基町小

六天守閣

広島城 P.108

中国放送会館

裁判所

旧広島法務合同庁舎

広島東税務署

上八丁堀

芝生広場

自由広場

中央公園

渝華園

城南通り

広島護国神社

旧陸軍司令部地下通信所

マルヤナギ（被爆樹）
ユーカリ（被爆樹）

二の丸

広島合同庁舎

アランビック

立町

ヴァリエホテル広島

広島パシフィックホテル

リバークルーズ

広島市映像
文化ライブラリー

基町

ひろしま美術館 P.108

合同庁舎前

54

ファミリープール
広島県立総合体育館

中央図書館

中央庭球場

広島市民病院

県警本部別館

空鞘橋

空鞘公園

御菓子所高木十日市本店

チャテオあくさん P.111

広島市
こども文化科学館
P.126 リーガロイヤルホテル広島

広島市民球場跡

青少年センター

本川町（三）

本川町（二）

NTT

基町クレドパセーラ

そごう広島店
新館

広島県庁

中区

日本銀行

広島中央署

広島
ビジネスタ

YMCA P.1

みっちゃん総本

本川町（一）

本川小

相生橋

広島バスセンター

P.126 ホテルメルパルク広島 H

商工会議所

そごう
広島店

県庁前

県警本部

県庁
事務局

START
GOAL

原爆ドーム前

紙屋町西

紙屋町東

相生通り

東急ハンズ

八丁

平和記念病院

本川小学校平和資料館 P.113
（旧国民学校・被爆建物）

平和の時計塔
P.111

平和の鐘
P.111

おりづるタワー
P.110・112

エディオン

みずほ

紙屋町（二）

シャレオ
地下街

紙屋町（一）

広島トランヴェール

瀬戸内味覚本
芸州本店 P.113 福屋百貨
（2F）   （被爆建物・1938年
P.116

ひろしま国際ホテル P.126

原爆ドーム
（旧広島県産業奨励館・1915年築）

水上タクシーのりば
動員学徒慰霊塔

爆心地の碑 P.110

世界遺産航路乗り場

サンモール

広島電鉄センター
P.124

本通

酔心本店 P.1

本通り

原爆の子の像 P.111
P.111 平和の泉

P.109

P.110 平和の灯

平和記念公園レストハウス P.112
（旧大正屋呉服店・1928年築）

国立広島原爆死没者
追悼平和祈念館 P.109

長崎屋 P.124

P.112・124 広島
支店
（旧帝国銀行
広島支店）
1925年築

ひろしま
P.113・124

平安堂梅田本通店 P.123

バルコ

新天

世界遺産ヘ

原爆死没者慰霊碑

平和記念公園 P.110

広島平和記念資料館

P.111

嵐の中の母子像 P.110

国際会議場

祈りの泉

平和の塔

旧日本銀行 P.112
広島支店
（被爆建物・1936年築）

頼山陽史跡資料館
（頼山陽旧宅）

袋町

袋町小学校
平和資料館 P.113

法華クラブ

ANAクラウン
プラザホテル広島

広島クリスタル
プラザ

袋町公園

P.119 お好み村

お好み共和国ひろしま村 P.119

長崎屋 P.125

中町

三井ガーデンホテル広
P.126

広島東急REIホテル
P.126

西平和大橋

西広島駅へ

土谷総合病院

中島町

中国新聞社

放送会館前

平和大橋

相鉄グランドフレッサ
広島 P.126

白神社

白神社前

ホテルエスプル広島平和公園
P.126

ホテルドーミーイン広島

戒善寺

平和記念公園

大手町（三）

中電前

広島港（宇品）へ

小町

P.120 武蔵坊

富士見

中国電力

新岩国へ・・・横川へ

新岩国へ

常盤橋

大須賀町

家庭裁判所前

シャンボール広文

京橋川

縮景園 P.108

広島県立美術館 P.108

縮景園前

上幟町

広島女学院高交
広島女学院中交

女学院前

106-107

エリザベト音楽大交

鉄砲町

創作料理稲茶 P.120

ラ・シャンブル
幟町茶寮
P.120

胡町

ヤマダ電気
三越

胡町

流川通り

中央通り

東新天地公共広場

広島ワシントンホテル P.126

流川町

P.118 八昌

円隆寺
(とうかさん)

田中町

ホテル28広島

二葉の里(一)

山陽新幹線

山陽本線

上大須賀町

ひろしま

ひろしま

広島駅前グリーンホテル

ザ ロイヤルパークホテル
広島リバーサイド

ホテルフレックス

女学院前

城南通り

東横イン広島駅南口右

パティスリーアルファ

世界平和記念聖堂

RCC文化センター

KOKO HOTEL広島

橋本町

京橋

Cafe REGALO

Tea Garden Pul-Pul P.121

Oyster Conclave 牡蠣亭 P.115

京橋R-Win

正光寺

ホテルアクティブ広島

幟町公園

チサンホテル広島

銀山町

ちゅうぎん銀行本店

大和屋酒舗 P.125

柳橋 こだに R

銀山町

ヴィアイン広島銀山町

日本料理 若竹邑 P.120

鮨おゝ井 P.117

薬研堀

弥生町

平塚町

西平塚町

K

興神寺

オリエンタルホテル広島 P.126

東横イン
広島平和大通

平塚公園

東平塚町

広島県信組本店

鶴見橋

二葉の里(三)

東横イン広島新幹線口●

P.123 おみやげ館

P.125 御菓子処 亀屋

P.123 アルパnszekie広島

P.119 麗ちゃん

ヴィアイン広島 新幹線口 P.115 和久スバル
新幹線口 P.126

P.126 ホテル
グランヴィア広島

上柳橋

ひろしまお好み物語 P.119

福屋

広島東部

そぞ(6F) P.119

アパホテル
広島駅前
P.126

アパホテル
広島駅前大橋

広島グランド

インテリジェントホテル

京橋川

ホテルセンチュリー21広島

東横イン広島駅前大橋南

的場町

専立寺

京橋

広寂寺

稲荷大橋

稲荷町

金屋町

広島インテリジェントホテルアネックス

稲荷町

駅前通り

柳橋

REN HOTEL Hiroshima P.126

妙頴寺

松川公園

松川町

比治山町

平町

京橋川

東区

JR広島病院

ホテルチューリッヒ
東方2001

東方インキ広島新幹線口●

P.115 御食事処 かき傳

念法寺

JR西日本支社

P.125 にしき堂光町本店

グランアークテラス

ひろしま駅弁
(南口改札前ほか) P.122

熊野筆セレクトショップ
広島店
P.123

シェラトン
グランド広島 P.126

広島駅ekie

芸備線

西条へ・・・

マツダスタジアム

広島駅

松原町

水上タクシー
のりば

P 猿猴橋町

猿猴橋町

荒神町

P.126 アークホテル広島駅南

テバパ広島

西荒神町

西蟹屋(一)

的場町

的場町(二)

段原小

南消防署

南区

段原(一)

段原一丁目

明泉寺

段原骨董館

山王神社

段原(二)

比治山神社

広島市まんが図書館

豆匠 P.117

長性院

比治山公園

比治山下

多聞院

頼山陽文徳殿

広島市現代
美術館

比治山トンネル

広島段原
ショッピング
センター

段原南(一)

スカイウォーク

宇品へ

鶴見町

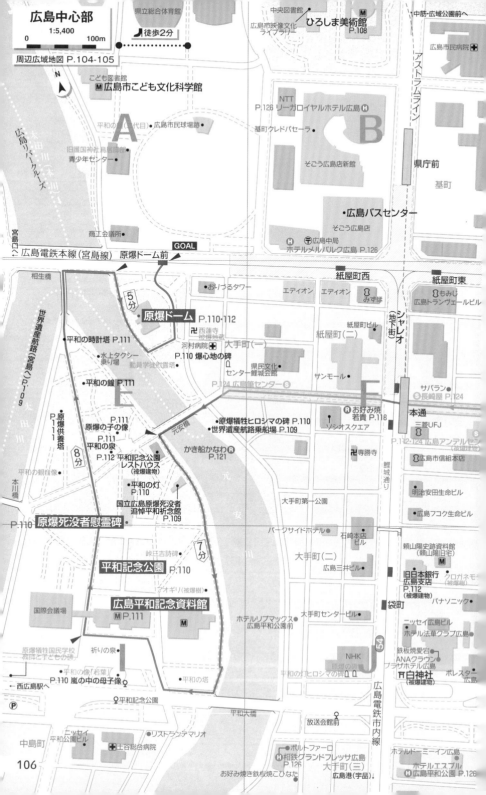

広島中心部

1:5,400
0 100m

♪徒歩2分

周辺広域地図 P.104-105

県立総合体育館

中央図書館
広島市映像文化
ライブラリー

ひろしま美術館 P.108

中筋・広域公園前へ
広島市民病院

アストラムライン

こども図書館
M 広島市こども文化科学館

NTT P.126 リーガロイヤルホテル広島 H

基町クレドパセーラ

そごう広島店新館

県庁前

基町

A

平和の塔（2代目）
旧陸軍被服支廠
青少年センター

広島市民球場跡

B

広島バスセンター

そごう広島店

広島リバークルーズ
太田川(本川)

宮島口

商工会議所

H 広島中局
ホテルメルパルク広島 P.126

広島電鉄本線（宮島線） 原爆ドーム前

GOAL

相生橋

おりづるタワー

エディオン エディオン みずほ

紙屋町西

紙屋町東

もみじ
広島トランヴェールビル

シャレオ（地下街）

5分

世界遺産航路（宮島へ）P.109

原爆ドーム P.110-112

西蓮寺被爆地蔵

紙屋町ビル

紙屋町（二）

サバラン

長崎屋 P.124

平和の時計塔 P.111
水上タクシー乗り場
動員学徒慰霊塔

河村病院 大手町（一）
P.110 爆心地の碑

県民文化
センター鯉城会館

本通

三菱UFJ

平和の鐘 P.111

サンモール

P.124 広島筆センター S

広島市信組本店

原爆の子の像 P.111
平和の泉 P.111
平和記念公園
レストハウス（被爆建物） P.112

かき船かなわ P.121

原爆犠牲ヒロシマの碑 P.110
世界遺産航路乗船場 P.109

R お好み焼
若貴 P.118

ソシオスクエア

専勝寺

P.112・124 広島アンデルセン

明治安田生命ビル

太田川 本川

原爆供養塔 P.111
平和の観音像
平和川橋

8分

平和の灯 P.110

国立広島原爆死没者
追悼平和祈念館 P.109

元安橋

広島フコク生命ビル

P.110 原爆死没者慰霊碑

大手町第一公園

平和記念公園 P.110

峠三吉詩碑

7分

パークサイドホテル
石崎本店ビル

大手町（二）

頼山陽史跡資料館
（頼山陽旧宅）

旧日本銀行
広島支店 P.112
（被爆建物）

クロガネモチ
（被爆樹）

アオギリ（被爆樹）

広島三井ビル

パナソニック

広島平和記念資料館 M P.111

国際会議場

ホテルリブマックス
広島平和公園前 M

大手町センタービル

袋町

ニッセイ広島ビル
ホテル法華クラブ広島

原爆犠牲国民学校
教師と子どもの碑

祈りの泉

NHK

平和の灯ヒロシマの碑

鉄板焼愛宕
ANAクラウン
プラザホテル広島

西広島駅へ

平和の像「若葉」
P.110 嵐の中の母子像

平和記念公園

平和の塔

白神社（被爆建物）

ポレスタ

広島電鉄市内線

平和大橋

放送会館前

ニッセイ
広島公園ビル

中島町

リストランテマリオ

土谷総合病院

ポルトファーロ
相鉄グランドフレッサ広島 P.126

お好み焼鉄板焼こひなた

大手町（三）

広島港（宇品）

ホテルドーミーイン広島

ホテルエスプル
H 広島平和公園 P.128

106

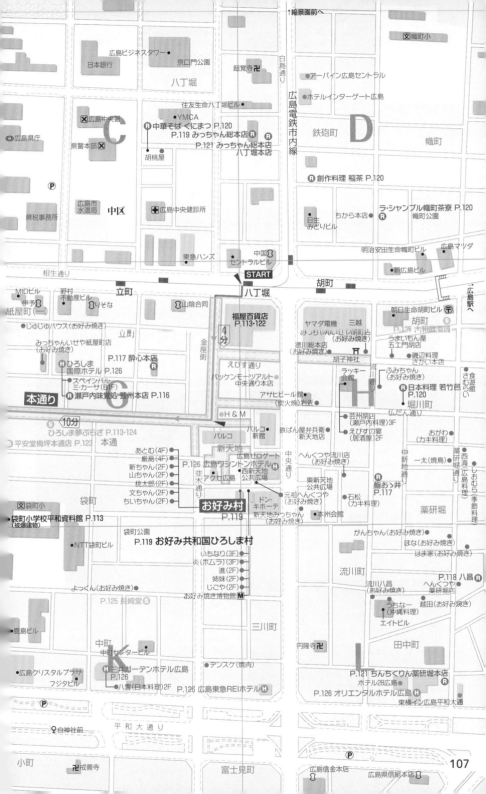

見る

縮景園
しゅっけいえん

地図p.105-C
JR広島駅から広島電鉄で8分、八丁堀電停乗り換え白
島行きで4分、縮景園前電停下車🚶すぐ

　広島藩主浅野長晟が1620（元和6）年に別
邸の庭として築成。作庭者は、茶人としても
名高い家老の上田宗箇。中国杭州の西湖を
模して縮景したともいわれる。遠くの山々
を借景に園中央の池に大小の島を浮かべ、
山・渓谷・橋・茶室・四阿などを配置している。

🎵 082-221-3620　♀ 広島市中区上幟町2-11
🕐 9:00～18:00（10～3月は17:00まで）
❌ 12月29日～12月31日
💰 260円（県立美術館常設展との共通券は610円）
🅿 29台

広島県立美術館
ひろしまけんりつびじゅつかん

地図p.105-C
縮景園前電停から🚶すぐ

　隣接する縮景園との調和が見事な美術
館。5000点を超える収蔵作品は、広島県ゆ
かりの作品、日本とアジアの工芸、1920年

～1930年の第一次、第二次両大戦間の作品
という3つのコンセプトで構成されている。
ダリ、平山郁夫のほか、北広島町出身の画
家・靉光の代表的な作品などを多数展示。

🎵 082-221-6246　♀ 広島市中区上幟町2-22
🕐 9:00～17:00（金曜は延長あり）
❌ 月曜（特別展示会期中・祝日・振替休日は開館）
💰 510円（特別展は別途）　🅿 45台

広島城
ひろしまじょう

地図p.104-B
JR広島駅から広電宮島口行きなどで14分、紙屋町東
電停下車🚶15分

　戦国武将、毛利輝元が、1589（天正17）年
に築城。江戸時代には福島正則を経て、浅野
家が版籍奉還までの約250年間、広島城主
を務めた。原爆で倒壊した天守閣を1958
（昭和33）年に再建。内部は武家文化を中心
に紹介する歴史博物館になっている。

🎵 082-221-7512　♀ 広島市中区基町21-1
🕐 9:00～18:00（12～2月は17:00まで、
　　入館は閉館の30分前まで）　❌ 年末
💰 370円　🅿 なし

ひろしま美術館
ひろしまびじゅつかん

地図p.106-B
紙屋町東電停から🚶5分

　19世紀半ばから20世紀前半までの西洋
近代美術や、明治以降の日本近代美術を収
蔵している。とくに、モネ、ルノワール、ゴッ
ホなど、19世紀後半に一世を風靡したフラ
ンス印象派の作品が充実している。

📞 082-223-2530　📍 広島市中区基町3-2
🕐 9:00〜17:00（入館は16:30まで）
🚫 月曜（祝日の場合は翌日、特別展中は除く）
💴 特別展によって異なる　🅿 なし（障がい者専用のみ）

国立広島原爆死没者追悼平和祈念館
こくりつひろしまげんばくしぼつしゃついとうへいわきねんかん

地図p.106-E
JR広島駅から広島電鉄広電宮島口行きなどで20分、
原爆ドーム前電停下車🚶5分

　原爆死没者を追悼し、永遠の平和を祈念するとともに、被爆体験を後代に継承するための施設。死没者の名簿や写真、被爆体験記、追悼記、被爆証言映像などを自由に閲覧できる。被爆体験記や原爆詩による被爆体験記朗読会も開催している。

📞 082-543-6271　📍 広島市中区中島町1-6
🕐 8:30〜18:00（8月5・6日〜20:00、それ以外の
　8月〜19:00、12〜2月17:00）
🚫 12月30・31日　💴 無料　🅿 なし

クルージングシップ銀河
クルージングシップぎんが

地図p.144-F
JR広島駅から広島電鉄広島港行きで40分、広島港電
停から🚶すぐの広島港発着

　豪華客船「銀河」で広島港から宮島まで瀬戸内の海を巡り、フランス料理を味わうク

ルージング。昼は所要2時間30分の宮島往復コースと、宮島で下船できる片道コースがある。夜は2時間10分で、宮島ほか、海田大橋、広島大橋周辺を巡る（宮島での下船不可）。乗船前日までに要予約。

銀河予約センター 📞 082-255-3344
📍 広島市南区宇品海岸1-13-13（瀬戸内海汽船）
🕐 ランチクルーズ11:30発、ディナークルーズ
　18:50発（土・日曜、祝日は19:50発）
💴 ランチ7500円〜、ディナー9500円〜
　（乗船料含む）🅿 なし

世界遺産航路
せかいいさんこうろ

地図p.106-E
原爆ドーム前電停から🚶2分

　平和記念公園と広島の、2つの世界遺産を結ぶ、広島ならではの定期航路。元安橋横の桟橋から出発し、原爆ドームの横を通り、本川を経由して宮島へ向かう。観光の足としてはもちろん、多くの島が浮かぶ瀬戸内海のクルージングが合わせて楽しめる。所要時間は45分で、30〜45分（冬期は1時間程度）に1便。潮位により運休の場合がある。

アクアネット広島 📞 082-240-5955
📍 広島市中区大手町1-9（元安桟橋）
🕐 8:30〜17:10（平和記念公園発）1日17便運行
　（季節により変動あり）
💴 片道2200円。往復の場合は4000円　🅿 なし

MAP

てくさんぽ

平和記念公園

へいわきねんこうえん

1945（昭和20）年8月6日午前8時15分、原子爆弾が投下された広島。世界の恒久平和の願いを込めて、広大な公園が整備された。園内には、原子爆弾による被爆の実相などについて展示した平和記念資料館などの施設や、戦争の悲劇を伝えるモニュメントが点在する。世界平和を祈りつつ園内を巡ろう。問い合わせは広島市観光案内所♪ 082-247-6738

アクセス

原爆ドーム前電停または♀原爆ドーム前下車すぐ

HINT

歩行距離 1.5km

散策の目安 2時間30分

平和記念公園レストハウスは無料休憩所として利用できる。公園内にはトイレが5カ所、ベンチも随所にある。

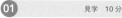

01 見学 10分 オススメ！

原爆ドーム

1996（平成8）年ユネスコの世界文化遺産に登録された、原爆の惨禍を今に伝える被爆建物。被爆前は「広島県産業奨励館」として親しまれていた。銅製のドーム状の屋根をもつヨーロッパ調のモダンな建物だったが、ほぼ上空で爆発した原爆によって、一瞬で破壊され、鉄枠がむき出しの無残な姿に変貌。そのままの姿で保存されている。

02 見学 5分

爆心地

原爆は島病院の上空約600mで爆発。現在は説明板が設置してある。

03 見学 5分

原爆犠牲 ヒロシマの碑

原爆の熱線によって溶けた瓦がはめ込まれた碑。台座には犠牲者の昇天する魂を象徴した像が置かれている。

04 見学 5分

平和の灯
へいわ　ともしび

核兵器廃絶と世界恒久平和を希求する反核悲願の象徴。1964（昭和39）年8月1日に初めて点火されて以来、核兵器廃絶が叶うまで灯り続ける。

05 見学 10分

原爆死没者慰霊碑
げんばく　しぼつしゃ　いれいひ

犠牲者の霊を雨露から守ろうという思いから、埴輪の家型を模した屋根の作りになっている。中に平和の池、平和の灯、原爆ドームが収まって見える。

06 見学 10分

嵐の中の母子像
あらし　なか　ぼしぞう

右手で乳飲み子を抱え、左手で幼児を背負いながら、必死で生き抜こうとする母の姿を表現した像。核兵器廃絶への限りない努力を呼びかける。

相生通り

十日市町へ

⑫ 平和の時計塔

太田川（本川）

⑩ 原爆供養塔

世界遺産航路（宮島へ）

無くなった町にる惜別の情を込平和の観音像

本川橋

2分
0　100m

国際会議場

被爆死した生徒と教師を慰霊する原爆犠牲国民学校教師と子どもの碑

西平和大橋

※周辺地図P104-105　平和大通

07 見学 70〜90分 オススメ！

広島平和記念資料館

本館では、被爆者が身に着けていた衣服や弁当箱などの遺品、惨状を記録した写真や被爆者が描いた原爆の絵等の資料を展示し、被爆の実相を伝えている。東館では、核兵器の危険性や広島の歴史を紹介するほか、証言ビデオコーナーを設置している。

原爆ドーム前電停から🚶10分／📞082-241-4004／📍広島市中区中島町1-2／🕐8:30〜18:00(12〜2月は17:00まで、8月は19:00まで ※8月5、6日は20:00まで)／🈺12月30・31日(臨休あり)／💴200円／🅿なし

08 見学 3分

平和の泉

死の間際まで水を求めて亡くなった犠牲者の御霊に捧げられたモニュメント。原爆によって兄弟、姉妹を失った広島青年会議所の会員によりつくられた。高さ1m、幅4mの大谷石の壁につけられた陶製のライオンの口からは、絶えず水が流れる。

09 見学 5分

原爆の子の像

高さ9mのブロンズ像。2歳のときに被爆し、12歳のときに白血病で亡くなった佐々木禎子さんの同級生たちが全国へ呼びかけて、つくられた。最頂部には折り鶴を持つ少女の像が立つ。年中たくさんの千羽鶴が捧げられている。

10 見学 3分

原爆供養塔

かつて慈仙寺があった場所。被爆直後、臨時火葬場となり、無数の遺体が運ばれ茶毘にふされた。現在も引き取り手のない遺骨が眠る。

11 見学 3分

平和の鐘

宇宙を表したドーム型の屋根の鐘楼と、「世界は一つ」という思いを込めて、表面に国境のない世界地図を彫った鐘が見られる。鐘は自由に鳴らすことができる。

12 見学 3分

平和の時計塔

3本の鉄柱の上に球体の時計が載った塔。毎日8時15分にチャイムが鳴り「ノーモアヒロシマ」を訴える。環境省の「残したい日本の音100選」にも選ばれている。

111

自分の足で歩いて学ぶヒロシマの悲劇　　地図 p.104

戦後75年の広島を歩く

世界で初めて原爆による被害を受けた広島市。原爆ドームをはじめ、被爆の爪痕が残る多くの建物があり、平和の意義を語りかけてくる。

被爆建物をめぐるツアーガイド

　市内の被爆の痕跡をたどるには、「広島とりっ歩（ぷ）」という町歩きコースがおすすめ。ガイドの案内による各種ツアーが充実しており、被爆建物のツアーは2つある。

●被爆建物巡りコース

　JR広島駅から、広島名物の路面電車に乗ってスタート。八丁堀電停で下車、百貨店**福屋八丁堀本店**の前を通り、本通り商店街を歩くとベーカリーショップの**広島アンデルセン**に到着。どちらも被爆建物。爆心地から360mの距離にあるルネサンス様式の**旧帝国銀行広島支店**の建物は、戦後、広島アンデルセンの前身であるタカキベーカリーが買い取り、一部増改築、親しまれてきたが、全面建て替え工事を終えて当時の壁・モニュメントを一部残し、2020（令和2）年8月オープン。

　被爆から広島の復興を経済面でいち早く支えたのが**旧日本銀行広島支店**。古典様式の外観で、昭和初期の広島を代表する歴史的な建物。爆心地から380mの距離にあり、鎧戸を空けていた3階が内部全焼、2階は一部消失したが、堅牢な建物であったため破壊は免れた。地下の金庫室はほぼそのまま

「**被爆建物巡りコース**」
●広島市観光ボランティアガイド協会
📞082-222-5577
💴ガイド1人につき1500円（保険料含む）
原則、申込みは10日前まで
「**復興をたどる今昔コース**」
●「ひろしま通」ホスピタリティグループ
📞090-4698-2944
💴参加者1人につき500円（保険料・資料代含む）
申込みは一週間前まで

現役利用の被爆建物の中で、爆心地から最も至近距離、170mにある平和記念公園レストハウス。外観の保存、耐震補強のため2019年12月現在、改修工事中。

核兵器の恐ろしさを訴え続ける原爆ドーム

残っており、一見の価値がある。また、すべての金融機関が機能しないなか、被爆2日後には、市内の各金融機関の窓口を設け、唯一支払業務を開始している。

　最後は**原爆ドーム**へ。上空600mで炸裂した人類初の原子爆弾は、上空1万7000mまできのこ雲を巻き上げた。放射線、熱線、爆風により、木造家屋は自然発火。瓦は表面が溶けて泡立った。その後、放射能を含んだ黒い雨でも多くの人が被爆し、年末までに約14万人の人々が犠牲になった。現在、建物は定期的修復を重ね、世界遺産として核兵器廃絶と世界恒久平和を訴え続けている。

●復興をたどる今昔コース

　被爆の爪痕が残る建物をめぐりながら、買いものもできる。

　原爆ドームから出発し、最初に向かうのは、観光案内所兼みやげ店の**平和記念公園**

旧日本銀行広島支店。地下金庫が火災を免れたおかげで、8月8日に営業を再開。焼け出された客は通帳・印鑑が無かったが、信用貸出しを行った

レストハウス。爆心地からの距離はわずか170mで、当時は広島県燃料配給統制組合の事務所だった。被爆時37人が勤務していたが、8人が即死をまぬがれた。地下室以外は全焼したが、鉄筋コンクリート製だったため、建物の基本的な形態は何とか残り、戦後補修された。現在改装工事中で、2020（令和2）年7月にリニューアルオープンの予定。

　県の特産品が揃う**ひろしま夢ぷらざ**で、ショッピングを楽しんだあと、最後に訪れるのは**福屋百貨店**。1946（昭和21）年2月、1階部分で営業再開。地階部分及び上層階の復旧に順次着手。1972（昭和47）年には外壁をテラコッタ（素焼きの陶器）に復元し、被爆の痕跡は完全に払拭された。美しくよみがえった姿は、人々を勇気づける存在となっている。

広島市内にある平和資料館

　広島平和記念資料館（p.111）周辺には、被爆のすさまじさを伝える施設が点在しており、いずれも無料で見学できる。

　袋町小学校平和資料館（♪082-541-5345、広島市中区袋町6-36、9:00〜17:00、12月28日〜1月4日休）は、被爆した校舎の一部を資料館として保存・活用している。爆心地から460mの場所にあるこの小学校は、人々の救護所として利用された。原爆で真っ黒に煤けた壁に、人々が互いの消息を尋ねるために書いた伝言が今も残っている。

　被爆時の病院の様子を伝えるのが**広島逓**

4 袋町小学校資料館の伝言文字が記載されている壁（複製） 5 当時の病院の様子を伝える広島逓信病院被爆資料室 6 7 焼けたモンペなどの被爆資料も展示する本川小学校平和資料館。ここでは地下または1階にいた2名が生き残った

信病院旧外来棟被爆資料室（問い合わせは広島市平和推進課、♪082-242-7831へ。土・日曜、祝日休）。医師や看護師が被爆者の応急処置に懸命に励む姿などを、写真で紹介している。見学希望者は希望日の5日前までに申込書を広島県平和推進課へ送付すること。

　ほかにも、本川小学校平和資料館や広島市役所旧庁舎資料展示室、広島大学医学部医学資料館などがある。

被爆体験の話を聞く

　広島平和記念資料館では8月6日とその前後、お盆など、年20回ほど被爆者による「被爆体験講話の臨時開催」を実施。また、被爆者の体験を伝承者が語り継ぐ「被爆体験伝承講話の定時開催」も通年開催。詳しくはホームページで掲載。問い合せは同館啓発課（♪082-242-7828）へ。

広島を代表する海の幸を味わいつくそう

ニューウェーブカキ料理

瀬戸内海の豊富な栄養で育ったカキは大粒でぷりっぷり。潮の香りが漂い、濃厚な味が楽しめる。一口に「カキ料理」といっても、店ごとにバリエーションは多種多様。中でも、外せない進化系レストランをピックアップ！

かきの三国焼

1個 320円 Ⓒ

タマネギ、ニンジン、ニンニクが入った、オリジナルのタレをかけたオーブン焼き。タレとカキのうま味がよく合う人気メニューだ。

カラフルオイスター

1100円 Ⓐ

新鮮な生カキを、オリーブオイル・酢・カクテルソースの3種類の味で楽しむ。キリキリに冷やした白ワインで。

カキフライ

1320円 Ⓑ

牡蠣のおいしいお出しがたっぷり味わえる一品。2種類のソースで堪能する。

オイスターランチ

1980円 Ⓑ

牡蠣をいろいろな方法で調理した、牡蠣専門店でしか味わえないヴァリエーション豊かなランチコース。

かきとバジルのオイルパスタ

1210 円 Ⓐ

カキはバジルとの相性が抜群。ランチタイムにはバゲットとサラダが付く。

広島レモンのミニ冷麺

1100 円 Ⓐ

コシのある麺に、カキの燻製オイル漬けと広島レモンをのせた、さっぱりとした冷麺。

Ⓐ 和久バル
わきゅうばる

カキ料理で有名な「かき船かなわ（p.121参照）」の系列店。瀬戸内海の自家筏カキは身がしまり、濃縮された旨味がたっぷり。旬のカキが1年を通して味わえる。

地図 p.105-D ／ ☎ 082-236-3730 ／ 📍 JR広島駅北口 ekie2階 ／ ⏰ 11:00〜22:00LO ／ ㊡ 不定休 ／ ＊18席 ／ Ⓟ なし ／ JR広島駅からすぐ

Ⓑ Oyster Conclave 牡蠣亭
オイスター コンクラーベ かきてい

地御前漁港に水揚げされるカキ養殖業者の店。カキを洋風アレンジで調理した多彩な創作料理が楽しめる。

地図 p.105-G ／ ☎ 082-221-8990 ／ 📍 広島市中区橋本町11 ／ ⏰ 11:30〜14:30、17:00〜22:00 ／ ㊡ 火曜、ほか不定休 ／ ＊34席 ／ Ⓟ なし ／ 銀山町電停から🚶3分※2021年1月現在休業中

！

牡蠣のこがし焼

1320 円 Ⓑ

牡蠣の旨みをおこげとして、表面にコーティングした料理。口の中に充実感が広がる。

かきの柚香蒸し

850 円 Ⓒ

上品な柚子の香りが、カキのうま味と八丁味噌のコクをより引きたててくれる。

かきと蓮根の蒸し物

900 円 Ⓒ

すり下ろしたレンコンなどとカキを蒸しあげ、たっぷりの銀あんと食べる。

Ⓒ 御食事処 かき傳
おしょくじどころ かきでん

広島牛や瀬戸内海の魚介類など、地元食材を使った和食の店。カキは能美島の養殖業者から直送で仕入れる。うま味が濃く、火を入れてもぷっくりとしている。

地図 p.105-D ／ ☎ 082-264-5968 ／ 📍 広島市東区光町2-8-24 ／ ⏰ 11:00〜13:30LO、17:00〜21:30 LO ／ ㊡ 日曜 ／ ＊48席 ／ Ⓟ 3台 ／ 広島駅新幹線口から🚶5分

その土地ならではの“ごちそう”に舌鼓

広島産食材にこだわる店

瀬戸内海は全国有数の好漁場。広島は、豊かな自然に恵まれ、四季折々の旬の食材も豊富なため、魚はもちろん、肉も野菜も、質の高さは折り紙付き。広島産食材を知り尽くした料理人が作る、とっておきの一皿を楽しもう。

瀬戸内味覚処 芸州本店 せとうちみかくどころ げいしゅうほんてん

料理長が厳選したその日の鮮度の良い海の幸と、自家栽培の野菜を堪能できる料理長おまかせ会席5500円～

廿日市市佐伯町に2000坪の農園をもつ。無農薬で育てた100種類もの野菜と瀬戸内海の魚介を使用。素材の持ち味を活かした料理が評判。

地図p.107-G／☎082-248-2558／📍広島市中区立町3-13／🕐11:00～14:30LO、17:00～21:30LO。日曜・祝日は～21:00LO／🈺第1・3火曜、12/31、1/1／＊230席／🅿なし／広島電鉄立町電停から🚶3分

❶こだわりの生野菜サラダ880円
❷店内は和風庭園を模した趣のある造り

「自家栽培の野菜は、野菜本来の味がしておいしいですよ」と料理長の名越孝明さん

ここがこだわり

県内にある畑で、料理長自ら常時30種類の野菜を栽培、収穫している

酔心本店　すいしんほんてん

年中味わえる牡蠣をはじめ、脂がのり、柔らかさが自慢の国産天然アナゴなど、広島の郷土料理が堪能できる。なかでも、生きたオニオコゼの活造りも絶品。

地図p.107-G／☎ 082-247-4411／📍 広島市中区立町6-7／🕐 11:00～22:00／🈂 水曜／＊400席／🅿 あり／広島電鉄立町電停から👟2分

ここがこだわり

瀬戸内海でも水質の最も良い海域で育てた、身が締まり甘みのある牡蠣を使用

音戸ちりめん釜飯900円

フライ、焼きガキ、釜飯などで広島産カキを堪能できる牡蠣コース5500円

豆匠　とうしょう

ここがこだわり

できるだけ地元広島の風土から生まれたものを使用している

県産食材にこだわった会席料理が味わえる。季節の会席5400円は山海の幸と国産大豆100％の自慢の豆腐が競演。

本店の庭園

地図p.105-L／☎ 082-506-1028／📍 広島市南区比治山町6-24／🕐 11:00～14:00LO、17:00～20:00LO（日曜・祝日は19:00LO）／🈂 月曜、年末年始／＊80席／🅿 12台／広島電鉄比治山下電停から👟3分

鮨おゝ井　すしおおい

ここがこだわり

米は広島産コシヒカリ。醤油やポン酢は店のオリジナル

お好み寿司は夜泣き貝、アナゴ、地アジ、芽ネギなどがのる（一例）

魚市場に毎日出かけて仕入れた魚介類のみ扱う寿司店。春はメバル、夏はオコゼ、秋はマツタケ、冬はカキなど。上にぎりは9貫で3000円。

皮ハギの身と肝を和えたポン酢和え3000円

地図p.107-H／☎ 082-245-3695／📍 広島市中区流川町1-14／🕐 18:00～翌1:30LO／🈂 無休／＊18席／🅿 なし／広島電鉄胡町電停から👟3分

広島産食材の店

地元民のソウルフード

お好み焼き食べ比べ

広島に来たら必ず食べたいお好み焼き。数ある店舗の中から人気店をご紹介。店舗ごとに個性があり、それぞれに人気の秘密が隠されている。ハシゴして味の違いを楽しもう。

▼そば肉玉　880円

人気の秘密

麺は注文を受けてからゆで、キャベツも15分かけてじっくり焼くことで、食感とうま味を生かす。

薬研堀　地図 p.107-L

八昌
はっしょう

創業35年。契約農家から仕入れるキャベツと上質小麦粉の生地で、甘さが引きたつ味。

銀山町電停から🚶7分／♪ 082-248-1776／📍広島市中区薬研堀10-6／🕐16:00〜22:30（日曜・祝日は21:00まで）／休月曜、第1・3火曜／Pなし

本通り　地図 p.106-F

お好み焼き若貴
おこのみやきわかたか

通常の広島風と違い、生地の上に具材をのせ豪快に焼き上げるスタイルが好評。

広島電鉄本通電停から🚶1分／♪ 082-541-0909／📍広島市中区紙屋町2-3-21 紙屋町口イヤルビル3F／🕐10:30〜23:00／休無休　＊82席　Pなし

▼お好み焼きスペシャル　1320円

人気の秘密

卵を半熟のまま仕上げ、イカやエビを惜しげもなくのせる豪快な一枚。

地元の味が勢揃い！
お好み焼きテーマパーク

食べたいけれど時間があまりない場合や、どこへ行ったらいいか迷うときは、いろいろな店が一度に楽しめるお好み焼きテーマパークへ。

お好み村

戦後のお好み焼き屋台村が発祥。ビルの2〜4階を店舗が占め、店舗数24店。

八丁堀電停から🚶3分／♪082-241-2210／📍広島市中区新天地5-13／🕐11:00〜翌2:00くらい（店舗により異なる）／㉼店舗により異なる／地図p.107-G

お好み共和国 ひろしま村

お好み村に隣接し、2・3階に屋台風の店が集結している。店舗数は6店。

八丁堀電停から🚶3分／♪082-243-1661／📍広島市中区新天地5-23／🕐11:00〜24:00くらい（店舗により異なる）／㉼店舗により異なる／地図p.107-K

ひろしま お好み物語

広島駅前のビル内にあるので便利。老舗から人気店まであり、店舗数は15店。

広島駅から🚶2分／♪082-568-7890／📍広島市南区松原町10-1／🕐10:00〜23:00くらい（店舗により異なる）／㉼店舗により異なる／地図p.105-D

広島駅 地図 p.105-D

麗ちゃん れいちゃん

戦後に屋台村で創業。現在3代目が屋台時代の味を守る。駅直結でアクセスも良好。

人気の秘密
麺はラードで炒め、隠し味にケチャップを使用。生地はもっちりとしている。

広島駅から🚶すぐ／♪082-286-2382／📍広島駅新幹線 ekie1階／🕐11:00〜21:30 LO／㉼不定休／🅿なし

▲ 肉玉そば　840円

八丁堀 地図 p.107-C

みっちゃん総本店 みっちゃんそうほんてん

創業70年の老舗。フルーティでさらりとしたソースは特製の店オリジナル。

八丁堀電停から🚶5分／♪082-221-5438／📍広島市中区八丁堀6-7／🕐11:30〜14:30、17:30〜21:00（土・日曜、祝日11:00〜21:00）、LOは各30分前／㉼なし／🅿なし

人気の秘密
キャベツ、麺など素材の味を生かし、鉄板表面の温度差をうまく使って焼く。

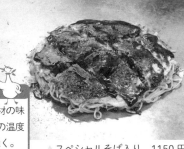
▲ スペシャルそば入り　1150円

お好み物語 地図 p.105-D

そぞ

自家製の生麺と自社製ソース!! 大根おろしとさっぱりしたソースが相性抜群。

人気の秘密
お好み焼きに無料で大根おろしをトッピング！ 完食するまで飽きさせない。

広島駅から🚶2分／♪082-568-7843／📍ひろしまお好み物語内（上記参照）／🕐10:30〜23:00／㉼不定休／🅿なし

▲ スペシャルのそぞ焼き　1450円

お好み焼き食べ比べ

食べる

い。辛さは5段階から選べる。汁なし白ネギと挽肉たっぷりの担担麺580円。

フランス料理
ラ・シャンブル幟町茶寮
ラ・シャンブルのぼりまちさりょう

地図p.107-D
JR広島駅から広島電鉄広電宮島口行きなどで10分、胡町電停から🚶2分

　路地裏の旅館を改装したレストラン。食材を全国から取り寄せて作る料理は、和のテイストも加わった、お箸で楽しめるフレンチ。土鍋で炊くご飯は上瀬野産コシヒカリで、お焦げの風味も香ばしい。

☎ 082-502-0170
📍 広島市中区幟町12-17
🕐 11:30〜15:00、18:00〜22:00
🈺 日曜　＊26席　Ｐなし

汁なし担担麺
中華そば くにまつ
ちゅうかそば くにまつ

地図p.107-C
広島電鉄立町電停から🚶3分

　広島汁なし担々麺ブームの震源地。もっちりとした食感の自家製麺が特徴。特製の甜麺醤など手作りの調味料を用いて作るタレは、絶妙な味わ

汁なし担々麺
武蔵坊
むさしぼう

地図p.104-J
JR広島駅から広島電鉄広島港行きで15分、中電前電停から🚶10分

　自家製ラー油が香る肉味噌入りのタレに麺を混ぜていただく。好みの山椒を入れ、粘り気が出るまで混ぜるのが美味しくなるコツ。担々麺650円。シメはご飯100円を混ぜて。

☎ 082-578-7384
📍 広島市中区富士見町5-12
🕐 11:00〜24:00
🈺 無休　＊15席　Ｐなし

会席料理
日本料理 若竹邑
にほんりょうり わかたけむら

地図p.107-H
胡町電停から🚶5分

　見た目の美しさと繊細な味

付けが女性に人気の日本料理店。ランチの花ごよみ3100円（写真）のほか、夜の会席料理6500円〜など。穴子の柳川鍋1800円や小鰯の造り1600円など一品料理も揃う。

☎ 082-249-7878
📍 広島市中区堀川町1-14 3階
🕐 11:30〜14:30、
　18:00〜21:30
🈺 不定休　＊54席　Ｐなし

鰯ハンバーグ
創作料理 稲茶
そうさくりょうり いなさ

地図p.107-D
広島電鉄胡町電停から🚶3分

　道場六三郎氏のもとで修業した店主による創作料理の店。膳や会席料理のほか、瀬戸内名産の小イワシを使った鰯ハンバーグ1320円や鮑友わたソース3080円など、単品が100種類ある。

☎ 082-212-1730
📍 広島市中区胡砲町7-13
🕐 11:30〜13:30LO、
　17:30〜22:00LO
🈺 日曜・祝日　＊30席　Ｐなし

お好み焼き

ちんちくりん薬研堀本店
ちんちくりやけんぼりほんてん

地図 p.107-C
広島電鉄銀山町電停から🚶10分

　ちんちくりんの総本店。お好み焼きの麺は、生麺か蒸し麺か選べる。平日のランチでは新鮮なトマトやレタスのサラダバーが利用でき、女性に好評。一番人気の生麺のちんちくりん焼1265円。

📞 082-240-8222
📍 広島市中区田中町6-3
🕐 17:00～23:30LO
休 火曜　＊45席　Ｐなし

鉄板焼き

みっちゃん総本店 八丁堀本店
みっちゃんそうほんてん はっちょうぼりほんてん

地図 p.107-H
広島電鉄胡町電停から🚶5分

　創業70年、広島風お好み焼き発祥の店。お好み焼きはもちろん、牛タンステーキ930円、広島名物牡蠣焼き880円など、広島尽くしの料理が楽しめる。

📞 082-221-5438
📍 広島市中区八丁堀6-7
🕐 11:30～14:30、
　 17:30～20:30OL
休 なし　＊50席　Ｐなし

カキ・ウナギ料理

柳橋 こだに
やなぎばし こだに

地図 p.105-G
JR広島駅から広島電鉄宮島行きなどで7分、銀山町電停下車🚶3分

　カキとウナギの専門店。カキフライやカキのコンフィなど、多彩な料理が堪能できる。コース料理（夜のみ2名から要予約）6300円～。カキ料理は11月上旬～5月下旬。ウナギは通年味わえる。

📞 082-246-7201
📍 広島市中区銀山町1-1
🕐 11:30～14:00、17:00～20:30
休 日曜・祝日　＊35席　Ｐなし

川沿いのくつろぎ空間
京橋 R-Win
リバー ウィン

　市内中心部を何本もの川が流れ、"水の都"とも呼ばれる広島で、京橋川沿いのオープンカフェが評判だ。稲荷大橋横にあるこの場所は現在3店が営業。紅茶がメインのカフェ「Tea Garden Pul-Pul」（📞 082-227-3666）、プレートランチなどがあるカジュアル

会席料理

かき船かなわ
かきふねかなわ

地図 p.106-E
JR広島駅から広島電鉄宮島口行きで16分、原爆ドーム前電停下車🚶2分

　元安川に係留されている舟を利用した店。自社のカキ筏から毎朝とれるカキが1年中楽しめる。お昼は瀬戸の山海の旬を味わう広島おもてなしコース5280円や夜のカキのコース6600円～などがある。単品もあるが、人気は広島の味を堪能できるコース料理。

📞 082-241-7416
📍 広島市中区大手町1地先
🕐 11:00～14:30、
　 17:00～21:00LO
休 年末年始　＊60席　Ｐなし

なカフェ「Cafe REGALO」（レガロ）（📞 082-224-6303）、カキ料理の「オイスター・コンクラーベ牡蠣亭」（かきてい）(p.115参照)（📞 082-221-8990）。地図 p.105-G／銀山町電停から🚶3分

広島のおみやげセレクション

しゃもじかきめし　1300円 Ⓐ
県内産カキをふんだんに使用した駅弁。
しゃもじ型の容器も個性的

空口ママのソルティー
ミルクジャム（140g）
880円 Ⓑ

湯来（ゆき）産牛乳と蒲刈産の
藻塩で、ほんわり優しい甘さ

焼きモンブラン　330円 Ⓒ
外側はザクザクの食感、中はバターが
香るしっとりした生地が特徴

本洲一無濾過
本醸造（720ml）
1265円 Ⓓ

県内産の米と酵母、伏流
水を使用。フルーティー
ですっきりとした味わい

Ⓐ ひろしま駅弁

1901（明治34）年の創
業以来、市民にはおなじ
みの老舗の弁当店。しゃ
もじかきめしは毎年10
〜3月の期間限定で販売
している。

販売場所…JR広島駅構
内売店各店／広島駅弁当
株式会社♪ 082-261-16
78／⊙5:30〜22:00／
㊡無休／地図p.105-D

Ⓑ 空口ママの
みるく工房

広島市内北部の湯来
町で、地元の素材を使い
丁寧に手づくりする
ジャムが評判に。ミルク
ジャムは無添加なので、子
どもでも安心の味。

販売場所…ひろしま夢
ぷらざ(p.124参照)／福
屋百貨店(p.113参照)

Ⓒ パティスリー
アルファ

タルトや焼き菓子、ク
ロワッサン類が豊富に
そろう菓子店。焼きモン
ブランは、1日に500〜
1000個売れることもあ
るという人気商品。

販売場所…パティスリ
ーアルファ／♪082-51
1-3840／⊙ 9:30〜
18:30／㊡月曜
地図p.105-G

Ⓓ 梅田酒造場

創業100年の老舗の
蔵元。広島市の東部、安
芸区船越の岩滝山の麓
にあり、その岩山から流
れる伏流水と県産の米
を使って造られる。

広島市安芸区船越6-3-8
／♪ 082-822-2031／
⊙8:00〜20:00／㊡無
休／地図p.105-D

広島市が審査認定する「ザ・広島ブランド」は、製法や品質が優れ、広島らしさや独自性、希少性などを基準に選ばれたブランド。市民に親しまれている、まさに地元のお墨付き特産品が勢揃いしている。

堀口のかき（生かき1kg）
6480円　**E**

広島湾の似島近くでていねいに養殖。紫外線殺菌で味を損なわず安心

化粧筆　935円〜　**F**

世界的に高い評価を得ている、肌ざわりのいい熊野の化粧筆

レモスコ
432円　**G**

広島県産レモンに、酢や青唐辛子などを加えたスパイシーな調味料

広島名産 柿羊羹　祇園坊（270g）
1728円　**H**

干し柿を蜜漬けにして刻み、練り込んだ羊羹。明治時代からの広島名物

E 堀口海産

広島湾の中でも似島近海は良質のカキが育つ場所といわれ、そのエリアで養殖を行う。毎年11〜3月の期間限定で販売している。

販売場所…アバンセ ekie 広島駅店／☎082-263-6010／⏱8:00〜20:00／休無休
地図 p.105-D

F 丹精堂

古くからの筆の産地である熊野で、熟練の職人が、原毛から手づくりで仕上げる筆に定評がある。使い心地がよく、殺菌が施され安心。

販売場所…広島駅新幹線口熊野筆セレクトショップ広島店／☎082-568-5822／⏱10:00〜19:00／休無休／地図 p.105-D

G ヤマトフーズ

レモンの酸味と香りを活かした「酸っぱい・辛い・旨い」、今までにない調味料。原料にこだわり、保存料、着色料、化学調味料をいっさい使用していない。

販売場所…ひろしま夢ぷらざ（p.124参照）／長崎屋（p.124参照）／広島駅 ekie2階おみやげ館

H 平安堂梅坪

1918（大正7）年創業の老舗の和菓子店。広島市祇園が原産といわれる柿の名前からとった、味わい深いこだわりの柿羊羹。

販売場所…平安堂梅坪本通店／☎082-247-0372／⏱9:30〜18:30／休無休／地図 p.107-G

買う

熊野筆
広島筆センター
ひろしまふでセンター

地図p.106-F
JR広島駅から広島電鉄広電宮島口行きなどで18分、紙屋町西電停下車🚶5分または本通下車で🚶5分

熊野町の特産である熊野筆を扱う店。熊野町では江戸後期から筆作りが始まり、現在では毛筆の国内シェア8割を超える。書道用毛筆は小筆500円〜、大筆1000円〜3000円程度で揃う。フェイスブラシ3500円〜、リップブラシ1000円〜といった、化粧筆も肌触りがよいと評判が高い。毛質はリス、イタチ、馬などから選べる。

📞 082-543-2844
📍 広島市中区大手町1-5-11
🕐 10:00〜19:00
🈺 不定（月1回）　🅿 なし

和菓子
御菓子所高木十日市本店
おかしどころたかきとうかいちほんてん

地図p.144-B
JR広島駅から広島電鉄広電宮島口行きなどで17分、十日市町電停下車🚶2分

1918（大正7）年創業の、広島を代表する和菓子専門店。広島銘菓の鶴亀最中1個162

円や、安芸のころも4枚入り702円〜、ひろしま檸の菓1個184円ほか、季節の生菓子292円がそろう。茶寮では、昼限定の赤飯弁当1595円やくず小倉990円などが味わえる。

📞 082-231-2121
📍 広島市中区十日市町1-4-26
🕐 9:00〜18:00
　（日曜、祝日〜18:00）、
　茶寮10:00〜17:00(16:30LO)
🈺 元日　🅿 3台

特産品・名産品
長崎屋
ながさきや

地図p.106-F
本通電停から🚶1分

広島の特産品・名産品を取り扱う店。カキやマツタケは独自のルートで直接仕入れている。人気は地元の漁師から直接仕入れるオリジナル商品の音戸ちりめん540円、広島菜漬430円〜、広島風お好み焼きセット2枚分1155円。瀬戸内の海産物を使ったつまみや菓子類も豊富に揃う。

📞 082-247-2275
📍 広島市中区本通6-8
🕐 9:30〜19:00
🈺 8月15日、1月1日〜3日
🅿 なし

特産品・名産品
ひろしま夢ぷらざ
ひろしまゆめぷらざ

地図p.107-G
本通電停から🚶3分

広島県産の生鮮品や加工品など特産品の販売と観光情報の発信を兼ねる店。賑やかな市街中心部、本通商店街の一画にあり、お菓子、調味料、レトルト食品、工芸品など多彩な品が集まる。日替わりで地域の特産品が並ぶ店頭販売が人気で、多くの人が集まる。各地のイベント情報の提供や観光案内も行っている。柚子ヴぁたーケーキ1620円、もみじ饅頭（8個入り）870円、田舎巻寿司580円、熊野筆1100円〜。宮島しゃもじ210円〜など、広島の特産品が勢揃いだ。

📞 082-544-1122
📍 広島市中区本通8-28
🕐 10:00〜18:00
🈺 水曜（祝日の場合は営業）
🅿 なし

パン・洋菓子
広島アンデルセン
ひろしまアンデルセン

地図p.106-F
本通電停から🚶3分

全国展開するパンの店・アンデルセンの本店。1967（昭和42）年にオープンして以来、パンをはじめ、ワインやチ

ーズ、デリカテッセン、スイーツ、フラワーまで、パンのある暮らしを提案している。リニューアル工事中を終えて、2020年8月にフルオープンした。※ p.112も参照。

- 📞 082-247-2403
- 📍 広島市中区本通7-1
- 🕐 1F　10:00〜19:00
  　2F　11:00〜19:30LO
- 休 不定休　🅿 提携🅿利用

地酒
大和屋酒舗
やまとやしゅほ

地図 p.107-H
JR広島駅から広島電鉄広電宮島口行きで6分、胡町電停から🚶3分

　全国の地酒を扱っている酒屋。中でも、広島の地酒は常に30〜40種類揃っている。広島県内の蔵元による、ここでしか買えないプライベートブランド商品も多数。「宝剣純米超辛口」720ml1375円、温州みかん酒「富久長」500ml1100円、広島でしか手に入らない「美和桜　大吟醸」720ml2750円など。

- 📞 082-241-5660
- 📍 広島市中区胡町4-3
- 🕐 10:00〜21:00
- 休 日曜・祝日　🅿 なし

もみじ饅頭
にしき堂光町本店
にしきどうひかりまちほんてん

地図 p.105-D
JR広島駅から🚶5分

　広島名物もみじ饅頭1個100円。こしあんのほかに、つぶあんやチーズクリーム、チョコレート、抹茶など6種類あり各100円。「その日のもみじはその日につくる」をモットーに、朝6時から焼くので常にできたてが店に並ぶ。洋風和菓子「新平家物語」1小箱130円、皮が餅の「やき餅咲ちゃん」や「生もみじ」各1個130円も、広島銘菓として人気。広島駅の新幹線口・南口にも支店がある。

- 📞 082-262-3131
- 📍 広島市東区光町1-13-23
- 🕐 9:00〜18:00
- 休 無休　🅿 3台

川通り餅
御菓子処 亀屋
おかしどころ かめや
広島駅ekie広島店
ひろしまえきえきえひろしまてん

地図 p.105-D
JR広島駅から🚶すぐ

　室町時代、毛利師親が安芸国吉田荘の領主だった頃に発

祥した川通り餅は、昭和まで地元で食べられていたが、戦後廃れてしまった。この銘菓を現代風にアレンジし和菓子としてよみがえらせたのが、亀屋の川通り餅（15個）730円〜。柔らかくほのかな甘さの求肥にクルミを加え、きな粉をまぶした素朴な味わい。

- 📞 082-263-0262
- 📍 広島市南区松原町2-37
  　広島駅ekie2F おみやげ館内
- 🕐 8:00〜21:00　休 不定休
- 🅿 なし

バターケーキ
長崎堂
ながさきどう

地図 p.107-K
広島電鉄八丁堀電停から🚶6分

　バターケーキの専門店として知られる店。店舗内にある工場で、創業当初から変わらない材料と製法で作られるバターケーキは、しっとりとした食感と、濃厚なバターの風味がたまらない。バターケーキ小（18cm）1000円、中（21cm）1250円。

- 📞 082-247-0769
- 📍 広島市中区中町3-24
- 🕐 9:00〜15:30
  　（売り切れ次第閉店）
- 休 日曜・祝日　🅿 なし

宿泊ガイド

<table>
<tr><td>ホテルグランヴィア
広島</td><td>♪082-262-1111／地図p.105-D／Ⓢ7500円〜、Ⓣ1万2100円〜
●JR広島駅北側。新幹線口に直結した便利なロケーション。</td></tr>
<tr><td>シェラトングランド
広島</td><td>♪082-262-7111／地図p.105-D／Ⓢ1万6150円〜、Ⓣ2万400円〜
●JR広島駅新幹線口からブリッジで直結。スパやフィットネスクラブも完備。</td></tr>
<tr><td>アパホテル広島駅前</td><td>♪082-264-9111／地図p.105-H／Ⓢ1万5000円〜、Ⓣ3万円〜
●JR広島駅南口から🚶3分。すぐ近くに福屋があり買物に便利。</td></tr>
<tr><td>ホテルヴィアイン
広島新幹線口</td><td>♪082-568-5489／地図p.105-D／Ⓢ2万2000円〜、Ⓣ3万800円〜
●JR広島駅北口(新幹線口)から🚶約3分。最上階の10階に大浴場が設けられている。</td></tr>
<tr><td>グランドプリンス
ホテル広島</td><td>♪082-256-1111／地図p.144-F／Ⓢ7850円〜、Ⓣ7860円〜
●目の前の桟橋からは宮島への高速船が出ている(別料金・要問い合わせ)。</td></tr>
<tr><td>ホテル
メルパルク広島</td><td>♪082-222-8501／地図p.106-B／Ⓢ5800円〜、Ⓣ8000円〜
●広島バスセンター3階直結の好立地が魅力。原爆ドームまで徒歩1分。</td></tr>
<tr><td>ホテルエスプル
広島平和公園</td><td>♪082-541-5555／地図p.106-J／Ⓢ4600円〜、Ⓣ6900円〜
●インターネット、朝食が無料。ウェルカムコーヒーのサービスも。</td></tr>
<tr><td>ひろしま国際ホテル</td><td>♪082-248-2323／地図p.107-G／Ⓢ4000円〜、Ⓣ5000円〜
●本通りアーケードまで徒歩すぐなので、観光・ショッピングに便利。</td></tr>
<tr><td>三井ガーデンホテル
広島</td><td>♪082-240-1131／地図p.107-K／Ⓢ5800円〜、Ⓣ1万2040円〜
●緑の多い平和大通りの中央にある25階建ての高層ホテル。</td></tr>
<tr><td>広島東急REIホテル</td><td>♪082-244-0109／地図p.107-K／Ⓢ4800円〜、Ⓣ7600円〜
●客室が広めのハイグレードなビジネスホテル。全館Wi-Fi対応。</td></tr>
<tr><td>アークホテル広島
駅南</td><td>♪082-263-6363／地図p.105-H／Ⓢ5000円〜、Ⓣ6800円〜
●客室には加湿機能付き空気清浄機完備。10階には展望大浴場もある。</td></tr>
<tr><td>相鉄グランド
フレッサ広島</td><td>♪082-536-2031／地図p.106-J／Ⓢ5100円〜、Ⓣ8000円〜
●広島市内を流れる元安川の河畔に建つ。平和記念公園まで徒歩5分。</td></tr>
<tr><td>EN HOTEL Hiroshima</td><td>♪082-242-0505／地図p.105-K／Ⓢ4165円〜、Ⓣ5046円〜
●繁華街の流川から徒歩5分。朝食は和食セット洋食セットどちらかをチョイス。</td></tr>
<tr><td>ホテル
ニューヒロデン</td><td>♪082-263-3456／地図p.105-C／Ⓢ6000円〜、Ⓣ9800円〜
●広島駅に近くアクセス良好。レストランのメニューも充実している。</td></tr>
<tr><td>ホテルセンチュリー21
広島</td><td>♪082-263-3111／地図p.105-H／Ⓢ4700円〜、Ⓣ5800円〜
●客室が広めなので、旅の疲れをゆっくり癒せるのが魅力。</td></tr>
<tr><td>リーガロイヤル
ホテル広島</td><td>♪082-502-1121／地図p.106-B／Ⓢ8000円〜、Ⓣ9000円〜
●広島城や平和記念公園に近く観光に便利な都市型リゾートホテル。</td></tr>
<tr><td>オリエンタルホテル
広島</td><td>♪082-240-7111／地図p.107-L／Ⓢ5500円〜、Ⓣ1万円〜
●ホテルオリジナルのシャンプーなど、アメニティにこだわりがある。</td></tr>
<tr><td>広島
ワシントンホテル</td><td>♪082-553-2222／地図p.107-H／Ⓢ6500円〜、Ⓣ8900円〜
●全室独立したバスルームを完備。アメニティ充実のレディースルームも。</td></tr>
<tr><td>国民宿舎湯来ロッジ</td><td>♪0829-85-0111／地図p.144-A／1泊2食付き9100円〜
●源泉約29度の掛け流しの加温した湯が特徴。食事はバイキング形式。</td></tr>
<tr><td>河鹿荘</td><td>♪0829-85-0311／地図p.144-A／1泊2食付き1万500円〜
●広島の奥座敷といわれる湯本温泉。豊かな自然の中で湯浴みが楽しめる。</td></tr>
<tr><td>森井旅館</td><td>♪0829-83-0403／地図p.144-A／1泊2食付き1万2000円〜
●昭和情緒あふれる木造の宿。地産地消にこだわり、自家栽培の米を使用。</td></tr>
</table>

広島

湯来温泉・湯の山温泉

風情ある白壁が美しい酒処
西条酒蔵通り

灘・伏見と並び日本三大酒処に数えられる西条。白壁の
町並みにそびえる赤れんがの煙突が酒蔵の目印。酒蔵
通りを歩き、蔵元をめぐろう。 地図p.145-C

名水の湧く町でほろ酔い散策

　西条では17世紀末頃に酒造りが始まり、
現在7軒の蔵元が軒を連ねる。各蔵元では
試飲・購入ができ、酒造りが見学できる所も
ある。

　広島藩の本陣跡にある賀茂鶴酒造は、大
吟醸酒造りの先駆けとなった蔵元。見学室
直売所では数種類の酒が試飲でき、映像で
仕込みの流れを学べる（☎082-422-2122、
9:00～最終入館17:45 不定休）。白牡丹酒
造は、創業1675（延宝3）年で県内でも古い
蔵のひとつ。後切れがよく上品な味わいの
甘口で、夏目漱石や棟方志功らも愛飲した
（☎082-422-2142、土・日曜10:30～16:00、
不定休）。

　賀茂泉酒造は、芳醇な味わいと純米酒特
有の山吹色が特徴。平日のみ蔵が見学でき
る（☎082-423-2118、8:30～17:00、1週間
前までに要予約）。併設のお酒喫茶「酒泉館」
ではおつまみとともに、各種の酒が楽しめ
る（☎082-423-2021、10:00～17:00、土・
日曜、祝日）。

アクセス
JR広島駅から山陽本線糸崎方面行きで36～42
分、西条駅下車
問い合わせ先
西条酒蔵通り観光案内所 ☎082-421-2511

① 仕込みの時期の賀茂
鶴酒造 ② 白い壁が目に
鮮やかな白牡丹酒造の蔵
③ 賀茂泉酒造の純米吟
醸はぬる燗がおすすめ
④ 本陣跡の門が酒蔵通
り沿いで見られる

宮 島

海に浮かぶ厳島神社の大鳥居

エリアの魅力

散策
★★★★
パワースポット
★★★★
トレッキング
★★★★

旬の情報：
鎮魂と平和への祈り
をこめて灯明を灯
し、法要とコンサー
トを開催する「萬燈
会」が9月上旬、18:00
から大聖院で行われ
る。

信仰を集める神の島で雅な文化と自然にふれる

原生林が残る弥山には霊気があふれ、古くから神の島として崇拝されてきた。平安の雅を今に伝える厳島神社では、華やかな平安絵巻が繰り広げられる管絃祭、海上の舞台で奉納される舞楽など、古式ゆかしい祭事が多い。1996（平成8）年、世界文化遺産に登録。

宮島への行き方・まわり方のヒント

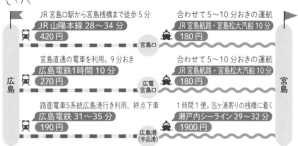

	JR宮島口駅から宮島桟橋まで徒歩5分		合わせて5〜10分おきの運航	
	🚃 JR山陽本線 28〜34分 420円	宮島口	⛴ JR宮島航路・宮島松大汽船 10分 180円	
広島	宮島直通の電車を利用。9分おき 🚃 広島電鉄 1時間10分 270円	広電宮島口	合わせて5〜10分おきの運航 ⛴ JR宮島航路・宮島松大汽船 10分 180円	宮島
	路面電車5系統広島港行き利用、終点下車 🚃 広島電鉄 31〜35分 190円	広島港(宇品港)	1時間1便。包ヶ浦寄りの桟橋に着く ⛴ 瀬戸内シーライン 29〜32分 1900円	

上図を参照。宮島口桟橋〜宮島桟橋間の航路は、青春18きっぷなどJRの割引切符利用の場合は、JR宮島航路のみ。広島電鉄のフリーパスなどを利用の場合は、宮島松大汽船のみ乗船できる。

●宮島港から移動する

観光タクシー…宮島桟橋に常駐。通常のタクシーと同じ乗り場。1時間で4680円。厳島神社周辺だと1時間程度、紅葉谷公園まで回るなら2時間程度が目安。

問い合わせ先

宮島観光協会
📞0829-44-2011
JR宮島口駅
📞0570-002-486
広島電鉄
📞0570-550700
JR西日本宮島フェリー
📞0829-56-2045
宮島松大汽船
📞0829-44-2171
瀬戸内シーライン
📞082-254-1701
宮島カープタクシー
📞0829-55-1111
宮島ロープウエー
📞0829-44-0316

広島世界遺産
定期観光バス

2つの世界遺産「原爆
ドーム」と「宮島（厳島神
社）」などをめぐる昼食、
ガイド付きのコース。広
島駅新幹線口発着で、
8:50発、16:30着。問い合
わせは中国JRバスお客
様センター📞0570-010-
666（→p.149）

のんびり散策したい宮島の裏通り

宮島は裏通りにも味わい深い趣がある。表参道商店街から一本山側に平行して延びる町家通りは、江戸時代後期までの表参道だった。現在は生活道路となり、伝統的な町家建築が見られる。

町家通りからさらに一本山側は、室町時代の参道といわれる山辺の古径で、高台から宮島の町並みが一望できるスポットもある。厳島神社から先の大聖院まで延びる通りは滝小路と呼ばれ、古くから神職の居住地区だったところ。千本格子の大戸など独特の家並みが見られる。

129

嚴島神社
いつくしまじんじゃ

地図 p.129-C
宮島桟橋から御本社まで 🚶15分

創建は593（推古天皇元）年。1168（仁安3）年に平清盛により現在の規模に造営された。海の中に建つ壮麗な社殿と、古式ゆかしい祭事が、平安の趣を今に伝えている。鎌倉・室町時代にも朝廷、幕府に崇敬され続け、戦国時代には大内氏、毛利氏の庇護を受けた。江戸時代から現代に至るまで、参拝客で賑わっている。現在は建造物や宝物が国宝・重要文化財の指定を受け、弥山とともに、1996（平成8）年12月に世界文化遺産にも登録された。

📞 0829-44-2020　📍 廿日市市宮島町1-1

豊国神社（千畳閣）
ほうこくじんじゃ（せんじょうかく）

1587（天正15）年、豊臣秀吉が経堂として建立に着手した、桃山時代の壮麗な入母屋造りの大経堂。塔の岡の大部分を占め、857畳の畳が敷けることから千畳閣と呼ばれる。秀吉の死去により工事が中断されたため、正面入口、天井の板張りは未完のまま残る。堂内には、大鳥居が建て替えられたときに使った尺定規がある。御本社廻廊入口から🚶3分。

🕐 8:30〜16:30　🈶 無休　💰 100円

五重塔
ごじゅうのとう

1407（応永14）年創建と伝わる和様と唐様を調和させた桧皮葺の三間五重塔で、高さは約27m。内部の柱上部には金襴巻の装飾絵が、内壁は極彩色の仏画が描かれてい

る。千畳閣に隣接し、参道からも優美な姿が見られる。御本社廻廊入口から🚶4分。

※見学自由（内部は非公開）

御本社・客神社・能舞台
ごほんしゃ・まろうどじんじゃ・のうぶたい

長い朱塗りの回廊を歩いて最初に足を止めるのが客神社。天忍穂耳命など5男神が祀られる。仲秋の名月を映す鏡の池など、和歌にまつわる景色を見ながら、海に張り出した高欄付きの高舞台へと進む。この舞台で、平清盛によって移されたとされる舞楽が奉納される。桃花祭（4月15日）、菊花祭（10月15日）は演目が多い（ともに17:00〜）。その正面にあるのが、拝殿、祓殿を備えた御本社本殿。市杵島姫命のほか2柱の女神を祀っており、古くから海上守護神として信仰されている。大国神社、天神社を過ぎたところにある能舞台は、当初毛利元就に

よって寄進されたもので、日本で唯一海中に建てられた切り妻造りだ。現在のものは浅野氏の寄進。桃花祭御神能（4月16・17・18日9:00〜）が奉演される。舞楽・能の観賞は自由。

📞 0829-44-2020　🕐 6:30〜18:00（季節により異なる）　💰 昇殿料300円

大鳥居
おおとりい

　現在の大鳥居は、清盛が造営したときのものから8代目で、1875（明治8）年の建立。高さ16m、横幅24mのクスノキ材。砂の中に埋めることなく、自らの重みで立っている。干潮時に砂浜を歩いて近付くことができ、下から見上げると迫力満点だ。満潮時には海に浮かんでいるように見える。

宝物館
ほうもつかん

　美術工芸品約4500点を所蔵している。「平家納経」（複製）は、平清盛をはじめとする平家が、一門の繁栄を祈願して1巻ずつ書写したもの。清盛自筆の願文を含め、全33巻から成り、平安の雅が集約されている。足利尊氏、毛利元就など名だたる武将の太刀、鎧なども奉納しており、国宝・重要文化財が多いが、常設では展示していない。御本社から🚶 4分。

📞 嚴島神社 0829-44-2020
🕐 8:00〜17:00　🈚 無休　💰 入館300円

多宝塔
たほうとう

地図p.129-C

　1523（大永3）年、僧周歓により創建されたと伝わる神社の西側にある丘の上に建つ塔。下層は方形、上層は円形と形が異なった構造で、和様だが部分的に天竺様、唐様の部分も見られる。桜の名所として知られ、眼下に広がる海の中に建つ大鳥居の眺望もよい。御本社から🚶 7分。

※外観のみ見学自由

大聖院
だいしょういん

地図 p.129-C
宮島口桟橋から🚢すぐの宮島松大観光船で10分、宮島桟橋下船🚶20分

　真言宗御室派の大本山であり、宮島最古の寺院として知られる。豊臣秀吉が朝鮮出兵の際に必勝・海上安全を祈願した 本尊波切不動明王を安置する「勅願堂」、四国八十八ヶ所霊場の本尊が安置されている「遍照窟」(写真上)、強大な神通力で衆生を救うとされる全国唯一の鬼神・三鬼大権現を祀る「魔尼殿」など見どころが多い。

☎ 0829-44-0111　♇ 廿日市市宮島町滝町210
🕐 8:00～17:00　㊡ 無休　¥ 無料　Ｐ なし

宮島歴史民俗資料館
みやじまれきしみんぞくしりょうかん

地図 p.129-C
宮島桟橋から🚶20分

　江戸末期に建てられた豪商・江上家の母屋と土蔵を利用した資料館。館内では、宮島の年中行事を紹介するパネル、民具、特産の杓子などの工芸品の展示ほか、厳島合戦図も再現されており、宮島に生きた人々の歴史を学べる。平清盛の足跡が分かる年表や、世界文化遺産となるまでの映像資料も見られる。母屋の座敷から眺める日本庭園も見どころだ。

　☎ 0829-44-2019　♇ 廿日市市宮島町57
　🕐 9:00～17:00 (入館は16:30まで)
　㊡ 月曜(祝日の場合は翌日)
　¥ 300円(小・中学生無料)　Ｐ なし

宮島の参拝遊覧船
みやじまのさんぱいゆうらんせん

地図 p.129-B
宮島桟橋から出航 (3号桟橋)

　宮島では、桟橋から大鳥居を回る遊覧船が多数運行している。運行は夕暮れから夜にかけてで、ライトアップされて幽玄な雰囲気をかもし出す大鳥居を、海上から間近に見ることができる。各社が運航する遊覧船は「第三御笠丸」「もみじ」「清盛Ⅱ」など。各遊覧船は17:00～22:00前後に運航。

　アクアネット広島 ☎0829-44-0888(第三御笠丸)、宮島観光遊覧 ☎0829-78-1419(もみじ・清盛Ⅱ)
　♇ 廿日市市宮島町1162-18(宮島港桟橋)
　🕐 所要時間は30分程度。要予約(当日可)
　¥ 1600円程度　Ｐ なし

宮島伝統産業会館
みやじまでんとうさんぎょうかいかん

地図 p.129-B
宮島桟橋から🚶1分

　宮島の伝統工芸品の振興と繁栄を図ることを目的とした施設。1階のギャラリーでは、約220年前の寛政年間からの歴史を誇る宮島杓子をはじめ、ろくろ細工などを展示するほか、販売も行っている。2、3階では様々な体験が可能。杓子づくり400円やもみじ饅頭の手焼き880円、宮島彫り1900円(要

予約）など、宮島の伝統工芸にふれられる。

📞 0829-44-1758　📍 廿日市市宮島町1165-9
🕐 8:30〜17:00　🈺 月曜(祝日の場合は翌日)
🈵 無料　🅿 なし

紅葉谷公園
もみじだにこうえん

地図p.129-D
宮島桟橋から🚶20分

　厳島神社裏の弥山山麓にあり、天然記念物に指定されているモミジバの原始林に囲まれている。幕末から明治時代にかけて、約200本のモミジが植えられ公園として整備された。谷全体が深紅に染まる11月中旬から下旬の季節が見ごたえがあるが、芽吹きの時期や夏の緑に包まれた涼やかな景色も趣がある。

宮島観光協会　📞 0829-44-2011
📍 廿日市市宮島町 紅葉谷公園
＊入園自由　🅿 なし

宮島水族館
みやじますいぞくかん

地図p.129-C
宮島桟橋から🚶25分

　「いやし」と「ふれあい」をコンセプトに、瀬戸内海の生物を中心に350種1万3000点

以上を展示解説。広島名産のカキやタチウオの水槽など、なじみ深い魚介類のほか、スナメリ、トド、カワウソ、ペンギンなど、人気のある水生生物も飼育している。アシカライブ、テッポウウオのシューティングなどのパフォーマンスのほか、遊びながら海の生物について学べるコーナーもある。

📞 0829-44-2010　📍 廿日市市宮島町10-3
🕐 9:00〜17:00(入館は16:00まで)
🈺 臨時休館日あり　🈵 1420円　🅿 なし

TEKU TEKU COLUMN

宮島の祭り

　管絃祭(かんげんさい)は華麗な王朝絵巻が繰り広げられる厳島神社最大の祭事。旧暦の6月17日(15:00〜)に、船上で管絃を奏でる御座船が対岸の地御前神社へ向かい、再び厳島神社まで戻ってくる。8月中旬ごろには、厳島神社の大鳥居沖合で水中花火大会が行われる。7〜8月の潮目のよい土・日曜には、海中に組んだ櫓の上の宝珠を奪い合う玉取祭(たまとりさい)、大晦日(18:00〜)には、赤々と燃える松明を若者たちが肩に担ぎ、御笠浜を練り歩く火難除けの祭り、鎮火祭が行われる。

地図p.129-A
宮島観光協会　📞 0829-44-2011

宮島

てくさんぽ

弥山 地図p.144-E

みせん

空海により開かれたと伝えられる弥山には、多くのお堂がある。奇岩、巨石も多数存在し、変化に富んだ景観をつくり出している。宮島ロープウエー ☎0829-44-0316

スタート	獅子岩駅
↓ 🥾20分	
01	弥山本堂
↓ 🥾すぐ	
02	霊火堂
↓ 🥾2分	
03	三鬼堂
↓ 🥾3分	
04	観音堂・文殊堂
↓ 🥾3分	
05	くぐり岩
↓ 🥾2分	
06	弥山山頂
↓ 🥾3分	
07	干満岩
↓ 🥾3分	
08	大日堂
↓ 🥾22分	
ゴール	獅子岩駅

!) HINT

歩行距離
2.0km

散策の目安
2時間

ハイキングにはスニーカーなど歩きやすい靴がおすすめ。また、山の天気は変わりやすいので重ね着できる服だといい。雨具も用意したほうが安心だ。ロープウエーを使わず歩いて登山するコースもある。

01　見学 10分

弥山本堂

弘法大師・空海が100日間の修法を行ったとされる場所。本尊は虚空蔵菩薩。平清盛は厳島神社を信仰していたが、その三男、宗盛が寄進したものと伝えられる梵鐘が収蔵されている。

02　見学 20分

霊火堂
れいかどう

1200年以上前に、空海が修行の際に焚いた火が、今日まで途絶えることなく燃え続けている。この火で沸かした霊水は万病に効くといわれている。

TEKU TEKU COLUMN

弥山への空中散歩・宮島ロープウエー

弥山の散策コースへのアクセスはロープウエーが便利。始点となる宮島ロープウエー紅葉谷駅へは、宮島桟橋から徒歩25分ほど。終点の獅子岩駅までは、2種類のロープウエーを利用する。紅葉谷駅から榧谷駅まで乗車10分、榧谷駅で乗り換え乗車4分。遠くには瀬戸内の多島美、眼下には弥山の原生林を眺められる。

獅子岩駅にはモ

ニュメントのボタンを2人で同時に押すと火が灯る誓いの火（9:00〜17:00、無料）、ハート型のあんこが入ったもみじまんじゅうの制作体験ができる**ハートインもみじ**（10:00〜12:00、13:30〜15:30（30分ごとに受付）300円［恋人同士は2人で500円］）といったカップルに人気のスポットがある。

☎0829-44-0316／📍広島県廿日市市宮島町紅葉谷公園内／🕐9:00〜17:00（季節により異なる）／🚫年2回の定期点検時／💴片道1010円、往復1840円

三鬼堂
さん　き　どう

鬼の神様を祀っている珍しいお堂。初代総理大臣・伊藤博文の信仰も篤く、正面の掲額も氏による直筆。家内安全・商売繁盛にご利益がある。

観音堂・文殊堂
かんのんどう　もんじゅどう

2つ並んだお堂で、向かって左が観音堂、右が文殊堂。観音堂は安産に、文殊堂は学業にご利益がある。

くぐり岩

自然がつくり出した巨岩のトンネル。ダイナミックな景観に圧倒される。ここを通り過ぎれば山頂はすぐそこ。

舟の形に似た岩。岩の下にはお地蔵様が

石洞内には不動明王が安置されている

皮膚病で悩んでいる人が触れると治るとの言い伝えが残る

鯨の形をした岩。上部には潮吹きのような穴がある

弥山の原始林は古くから神域として保護され、手つかずの自然が現存している

06 弥山山頂　弥山展望台　07 干満岩　舟岩　05 くぐり岩　不動岩　04 観音堂・文殊堂　疥癬岩　08 大日堂　水かけ地蔵　鯨岩　02 霊火堂　03 三鬼堂　仁王門　01 弥山本堂　閼伽井堂　弥山原始林石碑　御山神社　求聞持堂・行者堂　獅子岩駅(ロープウエー終点)(誓いの火/ハートインもみじ)　獅子岩展望台　START GOAL　宮島 ロープウエー

20分　10分　20分

てくさんぽ／弥山

弥山山頂

瀬戸内海の多島美を一望でき、天気がよければ四国連山も眺められる。その眺めは伊藤博文が「日本三景の一の真価は頂上の眺めにあり」と評したほど。山頂には巨石が並び、中でも一際大きい岩は神が鎮座する「磐座石」と呼ばれる。展望台（写真下）もある。

干満岩
かんまんいわ

岩の側面に空いた小さな穴の水が、潮の満ち引きに合わせて上下するといわれている。山頂付近にあるが、その水には塩分が含まれているという。

大日堂

空海が修法の道場として建てた堂。明治時代以前は、正月の七日間に、瀬戸内海全島の僧が登山して国家の隆昌をここで祈願したとされる。

食べる＆買う

アナゴ料理
山一別館
やまいちべっかん

地図p.129-B
宮島桟橋から🚶1分

　宮島桟橋前にある料亭旅館。気軽に味わえる穴子丼2900円から本格会席料理まで、幅広いメニューで楽しめる。煮アナゴをあぶってタレをつけ、押し寿司にした穴子寿司2500円は、ふっくらとしたアナゴと酢飯のバランスが絶妙な逸品。お昼のミニ会席4400円は、瀬戸内の山海の幸をコンパクトにした季節の膳。淡白で上品な味わいの料理8品が付くアナゴづくしのコースは7000円。

📞 0829-44-0700
📍 廿日市市宮島町港町1162-4
🕐 11:00〜14:00、
　 17:00〜20:00LO
🈳 無休　＊90席　🅿6台

焼ガキ・アナゴ
いな忠
いなちゅう

地図p.129-B
宮島桟橋から🚶7分

　嚴島神社の参道に続く商店街散策の途中に立ち寄りた

い、焼ガキとアナゴの店。もとは魚屋だったので、魚介類の新鮮さは折り紙付き。店頭で焼かれるアナゴの匂いに足を止める人が多い。人気は、ご飯に焼きたてのアナゴの蒲焼きをのせたあなごめし2000円。アナゴとアナゴのダシ汁で炊いたご飯がよく合う。持ち帰りできる弁当は1700円〜。まるごと1本揚げたあなごの天ぷら1500円もおすすめだ。カキ料理も提供する。

📞 0829-44-0125
📍 廿日市市宮島町
　 中之町浜507-2
🕐 10:30〜15:30
🈳 木曜(11月は無休)
＊60席　🅿なし

焼ガキ
焼がきのはやし

地図p.129-D
宮島桟橋から🚶8分

　創業70余年、ずっと焼ガキを販売してきた店。殻付きのカキを、その場で焼いてくれる。広島の地御前カキは3個入り1200円。指定清浄海域で育ったカキ4個1400円。焼・生がき、かきフライ、かき

めし。人気のかきメニューすべて楽しめるかき三景定食3000円。

📞 0829-44-0335
📍 廿日市市宮島町505-1
🕐 10:30〜16:30LO
　 (土曜は17:00まで)
🈳 水曜　＊86席　🅿なし

焼ガキ・アナゴ
みやじま食堂

地図p.129-B
宮島桟橋から🚶7分

　白木を使った明るい店内で、アナゴやカキなど、宮島の素材にこだわった定食をいただく食堂カフェ。一番の人気はボリュームたっぷりの穴子めし定食2090円。焼きがき4個1100円。

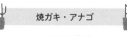

📞 0829-44-0321
📍 廿日市市宮島町590-5
🕐 11:00〜19:45(19:30LO)
　 (季節変動あり)
🈳 不定休　＊50席　🅿なし

焼ガキ
沖野水産
おきのすいさん

地図p.129-B
宮島桟橋から🚶5分

　宮島島内の焼ガキ販売店で、生産者直売所。その場で焼いたカキが食べられる。宮島

近海で養殖されたカキの鮮度は折り紙つき。味が濃く、プリプリの食感が楽しめる。焼ガキ1個200円、酢ガキ500円、カキフライ1皿300円〜などは年中食べられる。生ガキ1個300円もメニューに並ぶ。

- ☎ 0829-44-2911
- 📍 廿日市市宮島町553-1
- 🕙 10:00〜16:00くらい
- 休 不定休 ＊15席 Ｐ なし

アナゴ料理

ふじたや

地図p.129-C
宮島桟橋から🚶17分

大聖院へ続く静かな通りにある、創業1901（明治34）年の老舗。名物のあなごめし2500円を目当てに行列ができる。せいろで蒸したご飯の上に、秘伝のタレをつけて焼いた2匹分のあなごがのる。冬は酢がき800円、アナゴの肝800円なども登場する。

- ☎ 0829-44-0151
- 📍 廿日市市宮島町125-2
- 🕙 11:00〜17:00
- 休 不定 ＊28席 Ｐ 3台

郷土料理

まめたぬき

地図p.129-A
宮島桟橋から🚶7分

老舗旅館の1階にある食事処で、カキや広島牛など広島の食材を使った料理や、地酒が楽しめる。人気の穴子陶箱飯1980円は、陶箱ごと蒸しており、アナゴは柔らかくふわふわ、最後まで熱々のまま食べられる。散策やおみやげには弁当もおすすめ。

- ☎ 0829-44-2152
- 📍 廿日市市宮島町1133
  錦水館内
- 🕙 11:00〜15:30LO、
  17:00〜21:30LO
- 休 不定 ＊56席 Ｐ なし

甘味処

塔之岡茶屋
とうのおかちゃや

地図p.129-D
宮島桟橋から🚶10分

厳島神社の五重塔の下にある大正末期創業の甘味処。名物の太閤力餅570円は、豊臣秀吉が千畳閣を建てる際、職人の栄養源にと出されたきな粉をまぶした小餅がルーツといわれる。自家製の甘酒450円（10月中旬〜翌5月頃のみ）やぜんざい620円なども。

- ☎ 0829-44-2455
- 📍 廿日市市宮島町大町419
- 🕙 10:00〜17:00
  （売り切れ次第閉店）
- 休 不定 ＊30席 Ｐ なし

TEKU TEKU COLUMN

あなごめしの元祖・うえの

宮島口駅前にあり、1901（明治34）年に、あなごめしを初めて売り出した店。当時のあなごめし弁当の価格は15銭（現在の価値に換算すると約2700円）だった。ダシ汁で炊いた醤油味のご飯に、アナゴの蒲焼きがたっぷりとのるあなごめし2250円。弁当は2160円でJR宮島口駅でも販売。店舗2階の個室は予約制。地図p.129-A

- ☎ 0829-56-0006
- 📍 廿日市市宮島口1-5-11
- 🕙 10:00〜19:00
  （水曜〜18:00、
  弁当は9:00〜）
- 休 無休 ＊33席 Ｐ 10台
  JR宮島口から🚶1分

宮島

カフェ

Sarasvati
さらすヴぁてい

地図p.129-D
宮島桟橋から🚶10分

　厳選された素材のスペシャリティコーヒーを提供する本格派カフェ。注文を受けてから挽いて淹れた薫り高い一杯と、コーヒーに合わせて用意されたスイーツを味わう。ケーキセット880円。ランチにはパスタなどもある。

📞 0829-44-2266
📍 廿日市市宮島町407
🕐 8:30～19:00
休 無休
P なし

もみじ饅頭

藤い屋
ふじいや

地図p.129-A
宮島桟橋から🚶7分

　1925（大正14）年創業のもみじ饅頭の老舗。1個95円。弥山の名水を仕込みに使ったこしあんは、地元でも評判だ。種類はこしあんのほかに、つぶあん、抹茶あん、カスタードクリーム、チョコレートの5

種類。ほかにマンゴー、洋梨などフルーツ餡の花琥珀290円などもある。店内の菓寮、喫茶室では、坪庭を眺めながら焼きたてのもみじ饅頭が味わえ、お茶付きで200円。

📞 0829-44-2221
📍 廿日市市宮島町1129
🕐 9:30～18:00
休 無休
P なし

もみじ饅頭

紅葉堂 本店
もみじどうほんてん

地図p.129-C
厳島神社から🚶4分

　もみじ饅頭を天ぷらにした宮島の新名物「揚げもみじ」1個190円発祥のお店。外はサクッ、中はモッチリの不思議な食感がクセになると人気。注文を受けてから目の前で揚げてくれるので、熱々をほおばろう。あんこ、クリーム、チーズの3種類がある。

📞 0829-44-2241
📍 廿日市市宮島町448-1
🕐 9:00～18:00くらい
　（季節により変動）
休 不定休 P なし

焼き餅

ぺったらぽったら本舗
ぺったらぽったらほんぽ

地図p.129-B
宮島桟橋から🚶5分

　ぺったらぽったらは、選び抜かれた広島カキと天然アナゴを載せて焼いたおにぎり。米は県産の糯米・うるち米を使用。秘伝の醤油たれを塗って、炭火で香ばしく焼き上げる。外はカリっと中はもちもちの食感が人気。1個390円。

📞 0829-44-2075
📍 廿日市市宮島町
　北之町浜1183-2
🕐 10:00～17:00
休 不定休 P なし

民芸品

佐々木文具店
ささきぶんぐてん

地図p.129-B
宮島桟橋から🚶8分

　町家通りにある民芸品とみやげの店。戦後から文具店として地元で親しまれてきたが、近年はおみやげの店として観光客が訪れるようになった。着物の端切れをあしらったオリジナルのメモクリップ150円や、今治製のタオルハンカチ550円など、かわいらしい品が揃う。おはらいを受

けた「さいわいがみ」は150円。宮島の家庭ではおなじみの、魔除けのお札だ。

📞 0829-44-0273
📍 廿日市市宮島町527-3
🕐 9:00〜18:00
休 不定休 Ｐ なし

平野屋
ひらのや

地図 p.129-C
宮島桟橋から🚶13分

宮島桟橋から厳島神社を過ぎた川端筋にある店。宮島のシンボルである大鳥居やもみじをデザインしたストラップや小物など、定番品から店オリジナルの品まで販売している。特に人気があるのが、オリジナルの杓子型着物柄ストラップ580円。また、宮島に古くから伝わる民芸品である宮島張り子や土鈴なども扱う。

📞 0829-44-0399
📍 廿日市市宮島町112
🕐 9:00〜18:00
休 不定休 Ｐ なし

杓子の家
しゃくしのいえ

地図 p.129-B
宮島桟橋から🚶7分

寛政年間、僧・誓真が厳島神社の参拝客へのみやげとして弁財天の琵琶の形をヒントに考案したのが、宮島杓子の始まり。小さな手巻き寿司用から大杓子まであり、クワ、サクラなど素材の種類も豊富。実用品400円〜、飾り用の琵琶形500円〜。名前などを入れてもらえる限定しゃもじストラップ500円〜も人気。

📞 0829-44-0084
📍 廿日市市宮島町幸町東浜488
🕐 10:00〜16:30
休 水曜
Ｐ なし

zakkaひぐらし
ざっかひぐらし

地図 p.129-A
宮島桟橋から🚶5分

「蔵宿いろは」に併設する雑貨店。オリジナルの手ぬぐい1100円や、陶製の鹿の箸置き880円（写真）など、宮島や厳島神社をモチーフにしたセンスの良いアイテムが並ぶ。広島はもとより全国各地からセレクトした作家の器や、アクセサリー、骨董なども扱う。

📞 0829-44-0168
📍 廿日市市宮島町589-4
🕐 10:00〜17:00
休 無休
（蔵宿いろはの休みに準じる）
Ｐ なし

宮島醤油屋本店
みやじましょうゆやほんてん

地図 p.129-D
宮島桟橋から🚶8分

広島の特産品を使った調味料がズラリと並ぶ。果汁醤油180ml 800円〜やカキ醤油180ml 850円〜のほか、味噌、七味唐辛子、柚子胡椒など、どれもかけるだけで料理をおいしくしてくれると定評がある。カキやアナゴの炊き込みご飯の素や佃煮、燻製なども販売している。

📞 0829-44-0113
📍 廿日市市宮島町439-1
🕐 10:00〜17:00
休 不定休（2月に臨時休業あり）
Ｐ なし

宿泊ガイド

神撰の宿ホテルみや離宮
♪0829-44-2111／地図p.129-B／1泊2食付き1万2100円〜
● 5階の大浴場は畳敷きの風呂で、一風変わった味わいがある。

錦水館（きんすいかん）
♪0829-44-2131／地図p.129-A／1泊2食付き1万9800円〜
● 宮島桟橋から徒歩1分と便利。客室は8つのタイプから選べる。

厳島東門前 菊がわ
♪0829-44-0039／地図p.129-B／1泊2食付き1万2760円〜
● 古い町並に溶け込む町家風ホテル。瀬戸内海の素材を活かした食事も好評。

旅荘かわぐち
♪0829-44-0018／地図p.129-D／Ⓢ7700円〜、Ⓣ1万4300円〜
● 厳島神社の五重塔を臨む。全室が和室で雰囲気がよい。Wi-Fiも完備。

宮島グランドホテル有もと（ありもと）
♪0829-44-2411／地図p.129-D／1泊2食付き1万4520円〜
● 江戸時代創業。素材にこだわった会石料理が味わえる。

宿屋 なかや
♪0829-44-0725／地図p.129-B／1室2万2000円〜
● 町家通り沿いにある民家を利用した民宿。表参道商店街へは徒歩30秒。

蔵宿いろは（くらやど）
♪0829-44-0168／地図p.129-A／1泊2食付き2万1600円〜
● 厳島神社まで徒歩5分。大鳥居を臨む露天風呂が開放的。

ホテル宮島別荘
♪0829-44-1180／地図p.129-B／Ⓢ1万450円〜、Ⓣ2万9040円〜
● 宮島桟橋から徒歩1分と、宮島観光を満喫できる立地。展望畳風呂もある。

山一別館（やまいちべっかん）
♪0829-44-0700／地図p.129-B／1泊2食付き1万1000円〜
● 地元でとれた魚介類をふんだんに使った料理がいただける割烹旅館。

さくらや
♪0829-40-2805／地図p.129-B／Ⓢ5500円〜、Ⓣ5500円〜
● 海を眺める客室が自慢の宿。共用エリアではWi-Fiが無料で使用できる。

宮島ホテルまこと
♪0829-44-0070／地図p.129-B／1泊2食付き1万4300円〜
● 緑に囲まれた高台にある和風ホテル。食事は海の幸を使った会席料理。

宮島ホテルニュー寿（ことぶき）
♪0829-44-2526／地図p.129-D／1泊1万1000円〜
● 宮島港と厳島神社の中間に位置するB&Bホテル。観光に便利。

もみぢ荘
♪0829-44-0077／地図p.129-D／1泊2食付き1万8700円〜
● 自然に囲まれた純和風旅館。女将がつくる家庭的な料理が評判。

岩惣（いわそう）
♪0829-44-2233／地図p.129-D／1泊2食付き1万9800円〜
● 弥山山麓の自然を存分に感じられる。紅葉の時期がおすすめの宿。

ホテル菊乃家（きくのや）
♪0829-40-2400／地図p.129-D／1泊2食付き1万3059円〜
● 紅葉の名所、紅葉谷公園のすぐそば。アットホームな雰囲気がよい。

宮島四季の宿 わたなべ
♪0829-44-0234／地図p.129-C／1泊2食付き2万900円〜
● 1日4組限定の隠れ家的宿。川のせせらぎを聞きながらリラックスできる。

聚景荘（じゅけいそう）
♪0829-44-0300／地図p.129-C／1泊2食付き1万5700円〜
● 大鳥居を眺めながらいただく会席料理やシーフード料理が好評。

旅彩のお宿 水羽荘（みずはそう）
♪0829-44-0173／地図p.129-C／1泊2食付き1万1000円〜
● 宮島水族館前にある和風モダンな宿。1階部分はガラス張りのレストラン。

国民宿舎みやじま杜の宿（もりのやど）
♪0829-44-0430／地図p.129-C／1泊2食付き1万700円〜
● 大元神社前の静かな公園の中にある、宮島唯一の国民宿舎。

フォレストヴィラ水羽（みずは）
♪0829-44-0173／地図p.129-C／1組1泊〜5万6000円〜（1〜10名）
● 1日1組限定の貸し切りの宿。滞在型の観光にぴったりだ。

優美なアーチを描く錦帯橋を訪ねて　地図p.144-E

歴史が薫る町・岩国

岩国は江戸時代に吉川家が治めた城下町。シンボルの錦帯橋をはじめとした歴史・文化遺産や、緑豊かな岩国城周辺を散策しよう。

歴史スポット満載の岩国を歩く

　岩国のシンボルとして知られるのが、川幅約200mの錦川に架かる**錦帯橋**。1673（延宝元）年、3代岩国藩主吉川広嘉が中国の『**西湖遊覧志**』に描かれたアーチ橋をヒントに建造した5連の橋で、日本三名橋のひとつに数えられている。

　錦帯橋に隣接する**吉香公園**には、藩政時代をしのばせる数々の歴史的建造物が。香川家長屋門や旧目加田家住居などの武家屋敷、吉川氏の神霊を祀る吉香神社といった見どころがある。一国一城の令により、築城後7年で取り壊されてしまった悲運の名城**岩国城**には、岩国城ロープウエー（📞0827-41-1477、往復560円）で。現在の天守は1962（昭和37）年に再建したもので、城内には刀剣や書画類を展示している。

　ランチには**岩国寿司**を味わいたい。今から約400年前、山の上にあって水が確保できない岩国城での合戦に備えるために作られた保存食。レンコンや魚の身が入った押し寿司だ。**お食事処　しらため別館**（📞0827-41-0074、11:00～14:30、不定休）など周辺のお店で食べられる。

　清流、錦川の上流へは錦町駅でトロッコ遊覧車**とことこトレイン**に乗って向かおう。車窓からは錦川の眺望が楽しめ、光る蛍光石が装飾された「きらら夢トンネル」では、幻想的な世界を堪能できる。

　終点の雙津峡温泉に降りたら、**錦パレス**の天然ラドン温泉で旅の疲れを洗い流そう。療養泉として効果があるとされている。清流・宇佐川でとれる鮎を使った滋味豊かな料理も自慢。

アクセス
広島駅からJR山陽本線で岩国駅まで51～59分、770円。岩国駅から錦帯橋までは🚌いわくにバス錦帯橋行きで15～26分、🚏錦帯橋下車すぐ。錦川上流へは岩国駅から錦川鉄道錦川清流線（JR岩徳線直通）で1時間4～9分の錦町駅下車。錦パレスへはとことこトレインで40～50分

問い合わせ先
岩国市観光振興課　📞0827-29-5116
岩国市観光協会　📞0827-41-2037

1 錦川の激流に耐えるための構造をもつ錦帯橋
2 岩国城の天守閣からは市内や瀬戸内海を臨める
3 殿様寿司の異名をとる岩国寿司　4 幻想的なきらら夢トンネルの装飾　5 宇佐川沿いに建つ錦パレス

●**錦帯橋**
📞0827-29-5107／📍山口県岩国市／🕐発券8:00～17:00（季節変動あり）／休無休／¥310円、岩国城・ロープウエーとのセット券1140円／入橋は24時間OKだが、夜間は料金箱利用。
●**岩国城**
📞0827-41-1477／📍山口県岩国市横山／🕐9:00～16:45／休ロープウエー点検日／¥270円
●**とことこトレイン**
錦川鉄道📞0827-72-2002／📍山口県岩国市錦町広瀬7873-9（錦町駅）／1日4～5往復、土・日曜、祝日のみ運行 ※春休み、夏休みは毎日運行／¥往復1200円
●**錦パレス**
📞0827-73-0211／📍山口県岩国市錦町深川321 3-2／¥1泊2食付き9500円～／🅿33台

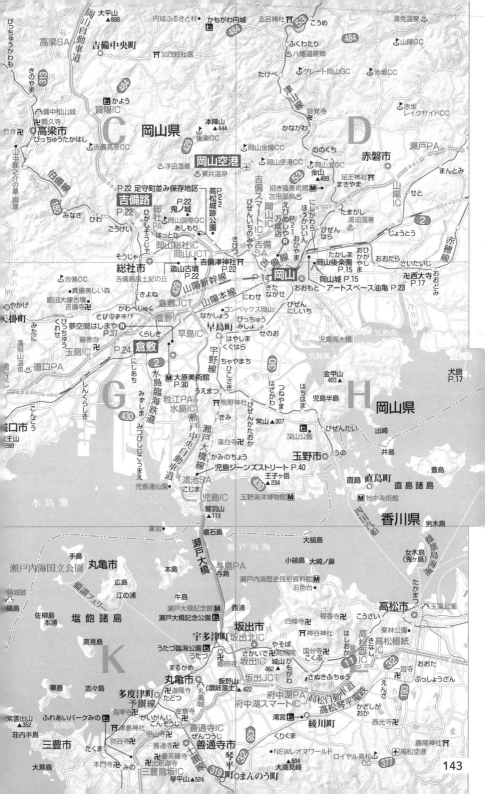

道の駅来夢とごうち 🅿
戸河内IC
筒賀PA
中国自動車道
吉和IC
湯の山明神社 🇹
湯の山温泉
森井旅館 P.126
湯来温泉
🇭 河鹿荘 P.126
🇭 国民宿舎湯来ロッジ P.126
大峰山
▲1050
岩倉温泉
おおの自然観察の森
宮島スマートIC・SA
廿日市JCT
大野IC
大竹IC
大竹市
和木町
岩国 P.141
岩国城 P.141
岩国市
錦帯橋 P.141
山口県
高照寺山
▲645

明神ダム
備前坊山 ▲789
いばらいち
安佐SA
広島北JCT
南原ダム
広島北IC
安佐北区
あきかめやま
かべ
白木山 889▲
薬師岳
しわぐち
かみみた
なかみた
しらきやま
久地PA
アストラムライン
かみやぎ
しもふかわ
なかしま
なかふかわ
安佐南区
むら
かみふかわ
志和IC
奥屋PA
広島あきやぐち
にしはさ
広島東IC
へさか
おおまち
ふるいちばし
しもぎおん
広島JCT
沼田スマートIC・PA
広島広域公園
こういきこうえんまえ
五日市IC
あきながつか
御菓子所高木十日市本店 P.124
佐伯区
にしひろしま
平和記念公園
中区
広島市
しんいのくち
いつかいち
広島電鉄
速谷神社 P.130
みやうちくとう
あなし
廿日市IC
廿日市市
宮島口
ひろでんみやじまぐち
まえぞら
嚴島神社 P.130
大聖院 卍
弥山 P.134
535▲
宮島包ケ浦自然公園
宮島 P.128
おおのうら
くば
おおたけ
山陽本線
いわくに
岩国錦帯橋空港
米軍基地
みなみいわくに
ふじゅう
つづ

広島 P.102
広島駅
東区
ひろしま
やが
安芸区
あきなかの
水丸山 ▲660
府中町
中区
南区
がてん
つわん
海田市
むかいなだ
かいたいち
マツダスタジアム
海田大橋
安芸区
あきなかのひがし
坂町
やの
熊野町
広島熊野道路
みずしり
てんのう
かるがはま
灰ヶ峰 ▲737
野呂山
839▲
呉市
かれいし
くれ
よしうら
あきあか
広島県
P.126 グランド 🇭
プリンスホテル広島
P.109 クルージングシップ銀河
安芸小富士▲278
似島
こやうう
江田島
P.64
P.68 旧海軍兵学校
西能美島
江田島市
P.65 アレイからすこじま
P.68 音戸の瀬戸公園
P.64
音戸
呉 P.64
歴史の見える丘 P.65
下蒲刈島
P.94
上黒島
下黒島
阿多田島
大黒神島
大矢鼻
沖野島
東能美島
長島
親休鼻
桂浜神社本殿 🇹
桂浜ドック跡
P.65 長門の造船歴史館 Ⓜ
保高島
手島
小柱島
柱島
続島
長島
福良島
情島
諸島
瀬戸ヶ島
二神島
片島
黒島
横島
鹿島
鹿老渡
瀬戸内海国立公園
倉橋島
野忽那
睦月島
中島
津和地島
野島
中島
二神島

せの
山陽本線
安芸区
小田山
▲719
熊野町
広島熊野道路

142-143
144-145
広島
宮島
岩国
呉
三之瀬
御手洗
竹原
尾道
倉敷
福山
瀬戸田
大三島
今治
高梁
岡山
高松

瀬戸内海汽船・石崎汽

J

横島
中島
睦月島
興居島
松山(三津浜)へ

周防大島
防　予　諸　島
笹島

旅の準備のアドバイス

瀬戸内への行き方

　山陽への交通手段は、飛行機、鉄道、高速バス。所要時間や値段、本数など、それぞれの特性を検討の上で旅の予定を立てよう。新幹線、飛行機ともに通常期料金。

倉敷へ

東京から

✈ 羽田→岡山空港→倉敷	①羽田→岡山空港は1時間20～25分　¥3万3700円～4万500円　日本航空 ♪0570-025-071／全日空 ♪0570-029-222　●1日10便。岡山空港～倉敷駅は連絡バスで35分、1150円
🚄 東京→倉敷	東海道・山陽新幹線「のぞみ」・JR山陽本線普通　①3時間32分～4時間8分　¥1万7660円　JR東日本 ♪050-2016-1600　●新幹線は1時間に4～5本、岡山駅で乗継。山陽本線は頻発
🚌 東京→倉敷	「グランドリーム号(京浜吉備ドリーム号)」　①10時間40分　¥5100円～　中国JRバス ♪0570-666-012　●1日1便、ディズニーランド発。横浜(YCAT)を経由する

大阪から

🚄 新大阪→倉敷	新幹線「のぞみ」「さくら」など・山陽本線　①1時間10～29分　¥6470～6680円　JR西日本 ♪0570-00-2486　●新幹線は1時間に4～5本、岡山駅で乗継。山陽本線は頻発
🚌 大阪→倉敷	「リョービエクスプレス」　①4時間15～40分　¥3020円～　両備バス ♪0570-08-5050　●1日9便、湊町BT(OCAT)発。岡山駅経由

福岡から

🚄 博多→倉敷	新幹線「のぞみ」「みずほ」　①2時間～2時間29分　¥1万3280円　JR西日本 ♪0570-00-2486　●1時間に4～7本。岡山駅で乗継。山陽本線で倉敷まで11～19分
🚌 博多→倉敷	「ペガサス号」　①8時間15分　¥7230円　♪西鉄0570-00-1010／下津井電鉄 ♪086-231-4331／両備バス ♪086-232-6688　●1日1便、夜行バス。西鉄天神高速BT発、博多BT経由。予約制

尾道へ

東京から

✈ 羽田→広島空港→尾道	①羽田→広島空港は1時間30～35分　¥3万2500円～4万1500円　日本航空 ♪0570-025-071／全日空 ♪0570-029-222　●空港から連絡バスで三原まで38～40分、840円。三原駅から山陽本線で11～29分、240円
🚄 東京→尾道	新幹線「のぞみ」　①3時間56分～4時間40分　¥1万7260円　JR東日本 ♪050-2016-1600　●1時間1～2本。福山駅から尾道駅は山陽本線で18～21分
🚌 新宿→尾道	「エトワールセト号」　①11時間　¥1万1700円　小田急シティバス ♪03-5438-8511／中国バス ♪084-954-9700　●1日1便。新宿西口小田急ハルク前発、福山駅経由

大阪から

🚄 新大阪→尾道	新幹線「のぞみ」「さくら」　①1時間32分～2時間8分　¥7910～8650円　JR西日本 ♪0570-00-2486　●1時間2～4本。福山駅から尾道駅は山陽本線で18～21分

尾道へ

大阪から

🚌 難波→尾道
「びんごライナー」 ⏱5時間 💴4200円
中国バス 📞084-954-9700
●なんば湊町BT（JR難波駅）発、梅田経由。1日1便

福岡から

🚄 博多→新尾道
新幹線「のぞみ」+「こだま」「ひかり」 ⏱1時間44分〜2時間22分 💴1万1290円
JR西日本 📞0570-00-2486／おのみちバス 📞0848-46-4301 ●広島駅で
「こだま」または「ひかり」に乗継、新尾道駅下車。市街へはバスで15分、190円

広島へ

東京から

✈ 羽田→広島
⏱1時間30〜35分 💴3万2500円〜4万1500円
日本航空 📞0570-025-071／全日空 📞0570-029-222
●1日18便。広島空港〜広島駅は広島空港線で50分、1370円

🚄 東京→広島
新幹線「のぞみ」 ⏱3時間47分〜4時間5分 💴1万9440円
JR東日本 📞050-2016-1600
●1時間に3〜4本運行

🚌 東京→広島
「ニューブリーズ号」 ⏱11時間50分 💴7700円〜
小田急バス 📞03-5438-8511／中国JRバス 📞0570-666-012
1日1〜2便、東京駅八重洲南口発。3列独立シートでゆったり

大阪から

🚄 新大阪→広島
新幹線「のぞみ」「みずほ」 ⏱1時間20〜29分 💴1万420円
JR西日本 📞0570-00-2486
●1時間に4〜5本運行

🚌 大阪→広島
JR高速バス「グラン昼特急広島号」 ⏱5時間32分 💴3500円〜
中国JRバス 📞0570-666-012 ●1日3便。湊町BT（OCAT）発、大阪
駅JR高速BT経由、広島駅新幹線口着

福岡から

🚄 博多→広島
新幹線「のぞみ」「みずほ」「さくら」 ⏱1時間1〜26分 💴9100〜9310円
JR西日本 📞0570-00-2486
●1時間に4〜6本運行

🚌 博多→広島
「広福ライナー」 ⏱4時間44分 💴4250円
広島交通予約センター 📞082-238-3344
●1日10便。博多BT発、広島駅南口着

レンタカー情報

　しまなみやとびしまなど、スポット間の距離があり、バスの本数が少ないエリアではレンタカーの利用も考慮してみよう。

●JRレール＆レンタカーきっぷを利用する

　レンタカーを利用するなら、JRの「レール＆レンタカーきっぷ」がお得。JR線を営業キロ201km以上と駅レンタカーを同一行程で利用する場合、乗車券とレンタカーを一緒に予約すると同乗者全員分の運賃が2割引、特急料金が1割引になる（GW、お盆、正月を除く）。周遊きっぷの利用可。駅レンタカーも、ネット予約なら1割引になる。

レンタカー会社の連絡先

ニッポンレンタカー
📞0800-500-0919
トヨタレンタカー
📞0800-7000-111
日産レンタカー
📞0120-00-4123
オリックスレンタカー
📞0120-30-5543

「レール＆レンタカー」のレンタカー料金

車種	Kクラス（ムーブ、ワゴンRなど）	Sクラス（ヴィッツ、フィットなど）	Aクラス（カローラ、アクセラなど）	ESクラス（アクア、フィットHVなど）	MVクラス（シエンタ、フリートなど）	WAクラス（ノア、セレナなど）
時間24時間まで	6700円	7540円	1万560円	1万450円	1万2650円	2万1010円

ぐるりんパスを活用しよう

新幹線の往復指定席券と指定区間内の交通機関が2〜3日間乗り放題になる乗車券に加え、人気観光施設の入場券もセットの

ぐるりんパスは便利でお得。申込みは2名以上で前日までに購入が必要。※2021年1月現在宮島・瀬戸内は予約中止

●岡山・倉敷ぐるりんパス

岡山・倉敷観光の中心エリアが周遊区間（岡山市内の路線バスは除外）。JR、岡山電気軌道、下電バス（一部区間）などが3日間乗り放題になる。また大原美術館や岡山後楽園など、14の人気観光施設に入場できる。

●宮島・瀬戸内ぐるりんパス

めいぷる〜ぷ、路面電車、宮島フェリーなど、広島観光に便利な指定交通機関が3日間乗り放題。厳島神社など5施設の入場券に加え、参加施設で提示するとお得なDISCOVER　WESTパスポートの特典も。

JR西日本トクトクきっぷ電話予約サービス
☎ 0570-09-5489(8:00〜17:00、無休❸)岡山・倉敷1万2940円、宮島・瀬戸内2万870円（いずれも大阪市内発の場合）

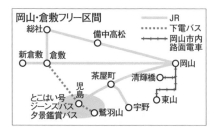

岡山・倉敷フリー区間

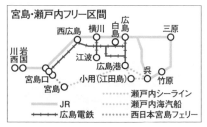

宮島・瀬戸内フリー区間

便利なフリーパス情報

エリア	名称	料金／期間／販売場所
岡山	路面電車1日乗車券	400円／1日／路面電車内、岡山駅前バス総合案内所などで販売。路面電車全線（東山本線。清輝橋線）で1日乗り放題。
	問合せ…岡山電気軌道運輸課 ☎086-272-5520	
	両備バス1Dayフリー乗車券	土・日曜、祝日、盆、年末年始1500円（平日1800円）／1日／岡山駅前バス総合案内所、倉敷駅観光案内所などで販売。高速バス、定期観光バスを除く両備バス全線で1日乗り放題。
	問合せ…両備バス ☎086-232-2116	
広島	広電1日乗車乗船券	900円／1日／広島駅電車案内所ほか、電車定期券窓口などで販売。路面電車全線と宮島行きのフェリー・宮島松大汽船が1日乗り放題。路面電車のみの電車一日乗車券（700円）も。
	問合せ…広島電鉄 電車バステレホンセンター ☎0570-550700（平日9:00〜17:45）	
	めいぷる〜ぷ一日乗車券	400円／1日／広島駅新幹線口バスきっぷうりば、めいぷる一ぷ車内などで販売。市内中心部を走る循環バス、オレンジ、レモン、グリーン3ルートが乗り降り自由。ブルールートのみ乗車バス停が限定される。すべてのルートが、平和公園前、原爆ドーム前を経由する。
	問合せ…中国JRバス ☎0570-010-666	
尾道	尾道フリーパス	600円／1日／尾道観光案内所、尾道駅前バスセンターなどで販売。おのみちバスの1日乗車券と千光寺山ロープウェイの往復券がセットになった乗車券。
	問合せ…おのみちバス ☎0848-46-4301	
しまなみ海道	島なみホッピング・パス	3500円／発行日のみ有効（除外日あり）／尾道駅観光案内所で引換え。尾道〜瀬戸田間の往復乗船券と瀬戸田でのレンタサイクル1日券がセットになっている。ネットか電話で4日前までに予約。自転車の在庫があれば当日でもOK。自転車貸出し時に保証金1000円が必要（返却後に返金）。
	問合せ…尾道観光協会 ☎0848-36-5495	

定期観光バスを利用しよう

乗り継ぎの不安や煩わしさもなく、魅力的な観光スポットを余すことなくお得に巡れるのが定期観光バスのメリット。観光中に余計な荷物を持たずに済むのも魅力だ。ほとんどのコースが事前予約制なので、利用を希望する場合は早めに問い合わせしよう。

	コース名	所要時間・料金	主なコース
岡山・倉敷	はやまわり後楽園・倉敷コース	約4時間50分（岡山乗下車）／岡山乗下車4100円、倉敷下車3560円	岡山駅西口発12:20→岡山城（徒歩）→後楽園（徒歩）→夢二郷土美術館→倉敷美観地区→倉敷駅前着16:13→岡山駅西口着17:10頃 ※3/20～11/30運行　予約制
	問合せ…両備バス ☎086-232-2155（9時30分～17時受付）		
	ぐるり夢二・刀剣・閑谷学校コース	約7時間5分／6900円（昼食代込）	岡山駅西口発9:30→夢二生家記念館・少年山荘→おかやまガーデン（昼食）→長船刀剣博物館→閑谷学校→岡山駅西口着16:35 ※土・日曜、祝日運行、12月25日～1月4日は運休
	問合せ…両備バス ☎086-232-2155（9時30分～17時受付）		
鞆の浦	鞆の浦絶景コース	Aコース約2時間30分3100円／Bコース約3時間3500円	福山駅前発9:00→国宝「明王院」（車窓）・神勝寺→鞆の浦史跡めぐり（約90分）→鞆の浦観光情報センター12:10頃（Aコースはここで解散）→福山駅前着12:40頃 ※3/21（祝日）～12月1日（日曜）の土・日曜、祝日運行（2020年の例）。予約不要
	問合せ…トモテツバス定期観光バス予約センター ☎084-952-3100		
	福山市内・鞆の浦観光コース	Cコース約3時間10分2300円／Dコース約3時間50分2700円	福山駅前発13:00→福山自動車時計博物館→国宝「明王院」→鞆の浦史跡めぐり（約110分）→鞆の浦観光センター16:40頃（Cコースはここで解散）→福山駅前着17:20頃 ※3/21（祝日）～12月1日（日曜）の土・日曜、祝日運行（2020年の例）。予約不要
	問合せ…トモテツバス定期観光バス予約センター ☎084-952-3100		
竹原・大久野島	竹原・大久野島を巡る1日観光コース	約8時間40分／5000円（昼食代別）	広島駅新幹線口発9:20→道の駅たけはら→竹原「町並み保存地区」の散策と自由昼食→竹原港→（フェリー）→大久野島13:50着→島内自由散策→大久野島港発16:06→竹原港→広島駅新幹線口着17:30 ※祝日等を除く毎週火曜と金曜運行
	問合せ…中国JRバス電話予約センター ☎0570-666-012		
広島	めいぷるスカイ平和記念公園下車コース	約2時間／2000円（ガイド付き）	広島駅15:10→広島城→原爆ドーム（徒歩）→平和記念公園（観光1時間）→マツダスタジアム→広島駅着17:10 ※平和記念公園以外は車窓観光。土曜・休日、GW、8月運行。雨天時運休。車窓観光のみや冬季限定のコースもあり。予約制。3歳以下は乗車不可。2021年1月現在休止中。
	問合せ…中国JRバス電話お客様センター ☎0570-010-666		
	広島世界遺産定期観光バス	約7時間40分／5000円（昼食・ガイド付き。厳島神社拝観料は別）	広島駅発8:50→広島城→原爆ドーム（徒歩）→平和記念資料館→広島陸軍被服工廠跡→宮島→広島駅着16:30 ※金～月曜・祝日運行。
	問合せ…中国JRバス電話お客様センター ☎0570-010-666		

旅の準備のアドバイス

さくいん

さくいん

151

ブルーガイド

18

てくてく
歩き

制作スタッフ

取材・執筆・編集	今田 円　今田 洋
	内田恵美　久保麻紀
	鈴木桂子　本田直子
	皆島芽生　小山内美貴子
	大海渡宏美　加藤桐子
	今田 壮
	（株）風来堂
	プランニングADO
写真	押小路実美　織田英行
	田頭善憲　高橋拡三
	田島徹朗　花田憲一
	本川和彦
	新谷孝一（p.133 紅葉谷公園）
	㈱四国フォトサービス
編集協力	（株）千秋社
	舟橋新作
	高砂雄吾（有限会社ハイフォン）
カバーデザイン	寄藤文平＋鈴木千佳子（文平銀座）
イラスト （カバー＋てくちゃん）	鈴木千佳子
本文デザイン設計	浜名信次（BEACH）
本文デザイン	国井 潤
地図制作	（株）千秋社
	オゾングラフィックス
Special Thanks to	岡山市経済局観光課
	尾道市産業部観光課
	呉市産業部観光振興課
	三原市経済部文化観光課
	今治地方観光協会
	広島市経済観光局

ブルーガイド てくてく歩き　18
瀬戸内海　倉敷・尾道・広島・宮島

2021年3月20日 第9版第1刷発行（B）

編　集	ブルーガイド編集部
発行者	岩野裕一
印刷・製本所	大日本印刷株式会社
DTP	株式会社千秋社
発行所	株式会社実業之日本社
	〒107-0062
	東京都港区南青山6-6-22
	emergence 2
電話	編集・広告 03-6809-0473
	販売　　 03-6809-0495
	https://www.j-n.co.jp/